# "互联网＋"背景下的商务英语课程群
# "O2O"一体化教学模式创新研究

朱慧芬 著

浙江工商大学出版社
ZHEJIANG GONGSHANG UNIVERSITY PRESS
·杭州·

**图书在版编目(CIP)数据**

"互联网+"背景下的商务英语课程群"O2O"一体化教学模式创新研究 / 朱慧芬著. — 杭州：浙江工商大学出版社，2019.4

ISBN 978-7-5178-2798-6

Ⅰ.①互… Ⅱ.①朱… Ⅲ.①商务—英语—教学研究 Ⅳ.①F7

中国版本图书馆 CIP 数据核字(2018)第 136115 号

**"互联网+"背景下的商务英语课程群"O2O"一体化教学模式创新研究**

"HULIANWANG+" BEIJINGXIA DE SHANGWU YINGYU KECHENGQUN "O2O" YITIHUA JIAOXUE MOSHI CHUANGXIN YANJIU

朱慧芬　著

| | |
|---|---|
| **责任编辑** | 刘淑娟　　王黎明 |
| **封面设计** | 林朦朦 |
| **责任印制** | 包建辉 |
| **出版发行** | 浙江工商大学出版社 |
| | （杭州市教工路 198 号　邮政编码 310012） |
| | （E-mail:zjgsupress@163.com） |
| | （网址:http://www.zjgsupress.com） |
| | 电话:0571-88904980,88831806(传真) |
| **排　　版** | 杭州朝曦图文设计有限公司 |
| **印　　刷** | 虎彩印艺股份有限公司 |
| **开　　本** | 710mm×1000mm　1/16 |
| **印　　张** | 9.25 |
| **字　　数** | 151 千 |
| **版 印 次** | 2019 年 4 月第 1 版　2019 年 4 月第 1 次印刷 |
| **书　　号** | ISBN 978-7-5178-2798-6 |
| **定　　价** | 40.00 元 |

# 前　言

当今社会,互联网、大数据、云计算、物联网等新技术应运而生,经济、教育等各行业信息化步伐不断加快,整个社会的信息化程度不断提升,信息技术对高职商务英语教育的革命性影响日趋明显。随着信息技术的广泛应用,线上线下结合、课内课外结合的混合式教学正不断地影响着整个高职外语教学生态。

国家《教育信息化"十三五"规划》明确指出教育信息化的发展目标是"到2020年,基本建成'人人皆学、处处能学、时时可学',与国家教育现代化发展目标相适应的教育信息化体系……"而开展"O2O"的"线上＋线下"一体化教学就是要使课堂无处不在,从而达到"处处能学、时时可学"的目标。把混合教学与信息技术结合,能有利地促进教学理念、教学模式、教学内容、考核机制的改革,推进信息技术在教学中的深入、广泛应用,适应信息时代对培养高素质商务英语国际化人才的需求。

为达成这一目标,在我院进行重点校建设、商务英语专业进行优势专业建设的大背景下,我们重新梳理"互联网＋"背景下的社情、学情、行情,并提出了一系列问题:(1)"互联网＋"背景下社会需要什么样的商务英语复合型人才? (2)"互联网＋"背景下高职商务英语专业学生的学习习惯和特征如何? (3)"互联网＋"背景下商务英语专业如何通过"线上＋线下"一体化教学满足社会和学生的需求?基于这些问题,团队进行了一系列"线上＋线下"混合教学模式构建改革和实证研究,从而有效提升教学质量,更好地实现专业人才培养目标。

首先,教学的社会功能体现在培养社会需要的人才。"互联网＋"背景下,商务英语人才的工作环境、工作任务、工作要求都发生了很大的变化。本研究将社会和企业需求作为逻辑起点,深入企业行业进行调研和访谈,并进行定性和定量结合的分析,为本项目方案的设计提供了基础数据和信息。

其次,教育的作用在于点燃学习者内在学习动力。商务英语教学不仅需要调动学生的学习积极性,而且还要激发学生的学习激情、培养学生良好的学习习惯和学习策略。本研究针对高职院校普遍存在的学生厌学情绪,预习和复习习惯欠佳,学习规划和自我管理能力较弱等问题,开展了系统的教学改革。通过"线上线下"一体化教学,设计符合学生认知规律的教学习活动,通过移动学习、游戏学习、学科竞赛、社团活动、社会服务、社会调研等方式大幅度提升学生的学习激情、策略、信心和自我实现意识。

然后,教学的魔力在于教学系统设计带来的叠加效能。本项目下的一系列在线课程先后建成,如"商务英语翻译""基础英语""英语语音""跨文化交际""英语口语"等。在此基础上,商务英语专业教师与外籍教师、行业专家协作,开展"线上线下"的混合教学探索。教学团队在商务英语口语、商务英语听力、商务英语翻译等技能的实训中,融入语料库技术、蓝思阅读、Quizlet、可可英语、QQ课堂、微信课堂、抖音视频等大数据和互联网技术,使学生课堂内外的英语学习实现了"线上线下"一体化教学,满足了企业、行业和学生的需求,也实现了个性化和互动化。

我们发现,"线上+线下"一体化教学模式是一剂"良药"。只在课堂上对教学手段进行教学改革是不够的,因为大量的课外时间是教师无法控制的。课堂上的时间毕竟有限,要想提升学生的商务英语综合能力,在有限的时间内让学生对知识点的理解达到更深的程度,除了课堂学习之外,必须依靠学生课前预习、课后复习、学科竞赛、社团活动等,开展"O2O"的线上线下一体化教学。事实证明,这种模式确实适合商务英语翻译教学合作教学、案例教学、研究型教学、游戏教学和竞赛教学的开展,在激发学生学习激情和拓展学生学习时空方面效果十分显著。也正缘于此,我们希望把我们教学实践过程中得到的感悟、经验以及困惑与各位教师分享,这就是我们完成这部书稿的初衷。

本书稿在完成过程中,得到了团队教师的大力支持,特此表示衷心的感谢!本书不足之处,恳请各位专家、同行批评指正!

2018 年 10 月于浙江金融职业学院

# 目　录

# 1 序 言

## 1.1 研究背景

### 1.1.1 项目背景

**(1)"互联网＋"时代语言服务业需要做出适应时代特征的转型**

当今,云计算、大数据和移动互联网等新技术飞速发展,"互联网＋"概念在不断升级。机器翻译、语义检索、神经网络、深度学习、语音识别等先进的自然语言技术研究和应用取得了重大的进步。如今在中国,"互联网＋"已经上升为国家策略,与此同时,语言服务产业及相关的产业,如跨境电商取得了相应的发展。随着"互联网＋"概念的升级和国家政策支持,语言服务业需要做出适应时代特征的转型。在"互联网＋"背景下,中国语言服务市场年增长额呈现逐年递增趋势,2009 年语言服务行业市场增长额为 250 亿美元,2016 年为 402.7 亿美元,语言服务行业人才需求量迅速增加,因而需要培养更多具有"互联网＋"素质的外语人才以满足时代需求;此外,语言服务市场业务呈现多元化,如跨境电商行业中需要的多语言交流和翻译,有即时性、动态性、碎片化、多模态的特点,所以必须加强入职人员职业能力的提升,特别是"线上"(on-line)与"线下"(off-line)的跨文化交际能力,以适应语言服务行业的新发展、新变化。

### (2)高等职业教育外语类课程改革具有庞大的受众

2015年教育部公布的《全国职业教育工作专项督导报告》显示,2014年全国高职院校在校生有1006.6万人,规模首次突破千万人大关。这部分学生大多数通过外语类公共课或专业课进行外语学习,可初步估算高职外语学习者已占整个高等教育学习者的40%。高等职业教育外语类课程改革具有庞大的受众,因此利用"互联网＋"思维,以"职业"为特色,主动适应高职学生特点和教学层次特点,对高职外语教学中的教学组织者、教学内容、教学环境、教学模式、考核模式等关键问题进行全面梳理、全新设计,开展系统的教学改革意义尤为重大。这将有助于增强学生自主学习能力,提高其综合文化素养,培养相关的职业技能,使学生形成与其未来职业(岗位)实际工作相适应的职业能力。

### (3)互联网技术为高职外语类课程改革提供强大的技术支撑

随着互联网技术的发展,外语教学和学习不再仅仅依赖传统的纸质报纸、杂志、字典以及磁带、录音机。当今,机器翻译、语义检索、神经网络、深度学习、语音识别等先进的自然语言技术研究和应用取得了重大的进步,为高职外语类课程改革提供了空前强大的技术支撑:第一,资源支持。海量的在线的音频、视频、电子书籍、语料库、百科全书等资源为高职外语类课程改革提供了最新、最便捷的资源支持。第二,环境支持。网络电话、电子邮件、论坛等等为外语学习者提供了仿真或全真的职业工作环境。第三,平台、软件支持。广泛的外语学习Mooc、App、网站、电子词典、电子百科全书、语料库网站等为高职外语类课程改革提供了强大的技术支持。因此很有必要顺应"互联网＋"的发展趋势,应用互联网信息技术改造高职外语教学,促进泛在、移动、个性化学习方式,把传统线下(off-line)教学方式的优势和线上(on-line)教学(即数字化或网络化教学)的优势结合起来,实现线上线下一体化,构建外语类课程群"O2O"教学模式。

综上所述,高职外语类课程需要利用"互联网＋"的思维,进行外语类课程群教学模式创新,力求线上与线下教学一体化,打造多元合作的教学团队,更新重构教学内容,形成3M的教学形式,实施立体、智慧的考核形式,满足人人、时时、处处的泛在学习需求,解决学习者个性化自主学习支持,实现"互联网＋"背景下的外语类课程群"O2O"混合教学模式创新,这将直接或间接惠及我院在校外语学习者,也为同类院校提供借鉴。

## 1.1.2　存在问题

"O2O"一体化教学模式即传统线下(off-line)面对面教学方式和线上(online)教学(即数字化或网络化教学)的一种混合式教学形式(Blended Teaching)。该理念既强调教师的主导作用(引导、启发、督促学生的学习过程),又关注学生的主体作用(主动、积极、创造性的学习),同时强调"线上"与"线下"教学的互补性与融合性。近十几年来,国内学者对高职外语课程群混合式学习、混合式教学模式的实践和研究呈现出明显的增长态势,分别从混合式学习理论、资源建设、学习系统设计、实证研究等方面,进行了多维度探讨和研究。从其现状来看主要存在以下问题:

**(1)课程群"线上+线下"教学模式缺乏系统设计**

在高职外语课程教学中,系统、科学地结合传统的"线下"(off-line)教学和"线上"(on-line)的数字化教学,使两者优势互补,浑然一体,是本课题教学改革中的技术要点。而目前主要存在以下问题:第一,"线上+线下"的教学内容整体的系统性、统一性、逻辑性、交织性有待提升;第二,"线上+线下"教学形式各有千秋,有待深度结合形成优势互补;第三,"线上+线下"学习活动设计有待体现外语类学科的特殊性和学生的个性化学习需求。

**(2)"互联网+"背景下的教学资源未深入挖掘**

"互联网+"的发展打破了传统教学模式的时空界限,必将带来传统高职外语课程教学模式的重构,而对教学资源的挖掘是教学改革和创新的起点。目前国内高职院校相关研究主要存在以下问题:第一,侧重点常以理论为主,没有真正从教学实践的需求的角度,对教学主体、教学内容、教学环境、教学媒介等教学改革的要素进行深入挖掘;第二,侧重"互联网+"思维对教学的辅助作用,而没有充分重视外语类课程在"互联网+"背景教学下内容、逻辑重构的需求。

**(3)"互联网+"教学改革实践层面问题尚待解决**

高职外语课程群利用"互联网+"思维将传统教学手段和信息技术手段

有效结合,为教育教学改革提供了新的思路和方向。但是研究者发现目前教学实践层面问题突出:第一,线上教学形式单一、使用率低,缺乏互动性、创新性。有学者在调研中发现教师线上教学媒介多采用教学平台,有的教师只是通过网络平台上传 PPT 和授课视频材料,师生对网络平台的使用率较低。很多课程网站访问量多为学生上传规定的作业、观看规定视频,而教师对学生作业的反馈也较少,在线的交流互动较少。第二,线下教学"满堂灌",缺乏与线上教学的呼应。课堂教学中教师采用多媒体课件授课灌输知识的"满堂灌"现象仍然存在,教学设计中"线上"与线下"环节内容和形式的呼应较少。

# 1.2 研究问题和研究目标

## 1.2.1 研究问题

"互联网＋"背景下社会需要什么样的商务英语复合型人才?

"互联网＋"背景下高职商务英语专业学生的学习习惯和特征如何?

"互联网＋"背景下商务英语专业如何通过"线上＋线下"混合式教学满足社会和学生的需求?

## 1.2.2 研究方法

**(1)文献研究法**

在研究初始阶段,课题组对目前国内外大量相关文献进行了查阅与分析,全面掌握本课题研究现状和发展趋势,以梳理本研究相关理论脉络。

**(2)调研访谈法**

通过问卷的形式了解项目所涉及学生在"互联网＋"背景下外语线上与线下学习倾向性、情感因素等问题;通过对典型毕业生的访谈,进一步明确"互联网＋"影响下典型工作情境的变化和对外语课程群教学的需求变化。

**(3)行动研究法**

借助教学录像、教师日志、教学观察日志、师生访谈、问卷调查等方法,配合课程教改前测、中测、后测,对"互联网＋"背景下的"线上"＋"线下"混合教学活动进行研究。

## 1.2.3　研究目标

以高职外语学习者的职业生涯发展及终身学习需求为依据,构建"互联网＋"背景下高职外语类课程群,实现多元教师合作,体现学科最新发展、多样化的教学形式、综合立体的教学评价,构建"O2O"教学模式。具体目标体现为:

**(1)以生为本的理念目标**

项目设计以学生的职业发展和终身学习为依据,将学生的主动建构和自我发展视为教学过程中的关键点,通过问卷了解高职外语学习者在线学习倾向性,满足学生个性化学习的需求;从教学组织者、教学内容、教学形式和考核形式四个层面着手,形成"线上"和"线下"混合的教学模式,实现两大转变,一是课程的中心从教师转向学生;二是从单纯传授语言知识和技能的教学模式,向更加注重培养语言运用能力和自主学习能力的"O2O"混合教学模式的转变。

**(2)与时俱进的内容目标**

紧跟互联网背景下学科的最新发展,通过行业专家教师参与教学、人才培养质量分析和毕业生调研,了解外语复合型人才岗位实践新趋势;紧跟专业领域发展,聘请专家教师参与教学、教学内容审定,创新性地将语料库、电子词典、翻译工具等互联网元素融入教学,实现教学内容动态性与前瞻性。

**(3)引领促学的功能目标**

以碎片化资源为支撑,完善"线上"与"线下"教学过程,辅以云端电子档案袋(Portfolio)为特色的综合立体的考核形式,引领和促进学习者在特定时间有目标、有计划地通过合作学习、社团化学习、实践性学习等形式,完成指定的课程内容,在提升学生语言能力的同时,提升学生的批判性思维能力、创新能力和自主学习能力。

**（4）互动智慧的技术目标**

基于互联网技术、语料库技术等先进技术，促进"线上"和"线下"教学中的互动性和对话性；通过问卷、语料分析、在线测试等形式，实现对学习者学习倾向性、学习情况，甚至是常见学习问题的智慧诊断，让教与学，"线上"与"线下"达到真正意义上的互动。

# 1.3　研究思路

本书以"互联网＋"为背景，围绕该概念探讨高职外语类课程群（含"商务英语翻译""基础英语""跨文化交际""英语语音""商务英语口语"等）如何结合传统的线下和数字化的线上教学的优势，开展"O2O"混合教学模式改革。关注教和学的深层需求，从教学团队、教学内容、教学形式和考核形式四方面着手，深入挖掘教学资源，构建科学的"线上＋线下"教学体系，实现高职外语类课程群的"O2O"一体化的教学模式，以适应当前的行情、学情、社情。

# 1.4　创新之处

**（1）"以生为本，智慧教学"的教改设计理念**

本研究根据"以生为本，智慧教学"的理念进行教学改革。第一，"互联网＋"背景下职业发展导向的设计：根据社会需求、行业需求和学生需求，进行项目设计，从教学组织者、教学内容、教学形式和教学考核角度的项目设计均体现了对学生职业能力和终身发展的重视。第二，"互联网＋"辅助下多样化的内化形式设计：根据前测网络学习倾向性数据，采用线上与线下结合的方式，将"互联网＋"应用在多模态、多媒体、多环境的教学形式中，学生以头脑风暴、思维导图、学科竞赛、模拟工作坊、社会实践等多样化形式进行知识技能传播和能力提升，内化效果更好。第三，"互联网＋"支持下的互动指导设计：通过互联网技术、大数据分析、语料库分析，提供学生基于语料库、电子工具的学习资源和学习方式。

**(2)系统化设计的"O2O"一体化外语教学模式**

本研究以高职外语学习者的职业生涯发展及终身学习需求为依据,系统化设计"O2O"一体化外语教学模式。第一,教学要素维度:从教学组织者、教学内容、教学形式和教学考核四个层面,打造"线上＋线下"多元合作的教学团队,形成"语言＋网络"深度融合的教学内容,构建"多模态＋多媒体＋多环境"的3M教学形式,形成"电子档案袋＋诊断性评价"立体智慧的考核形式,系统构建"O2O"一体化外语教学模式。第二,教学过程维度:线上教学实时性、交互性强,交流工具丰富;而线下教学体验性强、影响力大,不会产生信息过载问题。根据线上教学和线下教学各自的优势,将其整合运用在"学习金字塔"中的各个学习活动环节"记忆—理解—运用—分析—评价—创新"中,通过线上学习、课堂学习和社团化学习,真正实现线上与线下的一体化。

# 2　文献综述

## 2.1　混合教学提出和发展

近年来无论在学校教育中还是在企业培训中，"混合教学"逐渐成为一个热点话题。美国培训和发展协会（ASTD）将混合学习列为知识传播产业中涌现的十大重要趋势之一。英国高校信息系统协会（UCISA）的调查结果显示，英国高校的教学信息化建设中比例最高的是混合式学习（50％），其次是 E-learning 辅助教学（48％）。新加坡信息技术标准委员会（ITSC）的调查数据显示，超过 80％的师生使用 E-learning 进行辅助教学（詹泽慧，2009）。

国外混合教学萌芽于 20 世纪 70 年代，发展于 21 世纪，学界认为混合教学是对面对面教学和计算机辅助在线学习的整合。"混合教学"的定义相对来说是一个比较新的概念，这一个概念鲜见于 2000 年前。相对较早的是 2006 年 Bonk 和 Graham 在《混合学习手册：全球化视野、本地化设计》（*The Handbook of Blended Learning：Global Perspectives，Local Designs*）一书中使用了混合教学（Blended Learning）这一概念。而混合教学在英语教学中的广泛运用是在 2007 年之后，即 Sharma 和 Barrett 出版了专著《混合教学》（*Blended Learning*）之后。

之后十年内，混合教学在英语教育领域迅速发展。例如 Tomlinson 和 Whittaker's 在他们 2013 年编写的书中收录了来自加拿大、俄罗斯、中国、加拿大、美国、土耳其等国家的混合教学研究案例 20 个，涉及学术英语（English for Academic Purposes）、专门用途英语（English for Specific Purposes）、商务英语（Business English）及通用英语（General English）。

# 2.2　混合教学的概念和内涵

## 2.2.1　混合教学的概念

混合教学（Blend Learning）已经出现较长时间，但是这一概念直到21世纪才开始确立下来并广泛运用。关于混合教学的概念，不同的学者有不同的表述定义，目前最常见的定义有三：

● 混合各种模态的教学手段，或者说是授课媒介。

● 各种教学方式的结合。

● 在线教学和面对面教学的结合。

可见关于混合教学的定义主要分为广义和狭义两种。从广义上看，混合教学是指基于多种教学方法的教学。Pankin等（2012）在麻省理工学院把混合学习定义为在教室内或教室外运用超过一种学习或训练方法开展的一种结构化的教学。这个定义包括不同的学习或教学方法（讲座、讨论、引导训练、阅读、游戏、案例分析、模拟），不同的传递方法（面对面的课堂或者以电脑为媒介的教学），以及不同的教学时间安排（同步教学或异步教学）。

从狭义上看，混合学习是人们对传统课堂上的面对面教学和远程在线学习进行深刻反思后形成的一种学习方式，是指面对面教学和计算机辅助在线学习的结合。

混合教学是"面对面教学和计算机辅助在线学习的结合"（a combination of face-to-face instruction with online learning）（Bonk & Graham，2005：3），因而将混合教学定义为由师生面对面的互动与基于信息技术的师生和教学资源间的互动所构成的系统性教和学的活动（Ana-Maria Bliuc，2007）。

著名的教育技术专家何克抗（2015，110-129）教授认为未来的教学方式要"逐步从以教师讲授为主的'传递—接受'教学，向'课堂'面授与在线学习等方式相结合的'混合式教学'转变"。也就是说，既要发挥教师引导、启发、监控教学过程的主导作用,又要充分体现学生作为学习过程主体的主动性、积极性与创造性。目前国际教育技术界的共识是,只有将这二者结合起来,使二者优势互补,才能获得最佳的学习效果。混合式学习的概念自诞生以来,对于优化该模式从而更好地为学生服务的探索就不曾停止过——从理论、环境、资源到学习方式,都在探索更为有效的方式进行混合,从而更好地适应学生的学习习惯、学习特性,帮助其在学习的过程中获取更好的效果。

关于混合教学的定义也受到一定程度的批评,Oliver 和 Trigwell(2005)认为 Blended Learning 在很多情况下被误用了,因为其中"learning"一词的使用让人容易将该概念与"学习"联系在一起,而不是"教学"。鉴于此,他们建议使用混合教学法(Blended Pedagogics)、混合教学(Blended Teaching)或者在混合教学教学法下学习(Learning with Blended Pedagogies)。由于篇幅有限,本书将不涉及关于概念具体表述的讨论,本书所用的 Blended Learning 主要指混合教学以及相关的学习。

## 2.2.2 混合教学的内涵与特点

混合教学具有多元内涵,这一概念中的"混合"主要包含了以下这些方面的结合:

### (1)线上与线下教学的结合

首先,混合教学将"线上"与"线下"的教学形式结合起来。"线上"通常是指通过因特网进行教学,而"线下"通常是指在传统的教室中进行教学。线上教学可以包含多种形式和多种媒体,教师讲解、网络研讨会、电话会议、现场或在线会议等,也可以通过其他媒体如 facebook、电子邮件、聊天室、博客、播客、Twitter、YouTube、Skype、微博、QQ、微信等。

### (2)自主学习和合作学习的结合

混合教学的过程也是将自主学习(Self-paced Learning)和合作学习(Collaborative learning)进行结合。自主学习意味着学习者可以管理或者控制自己的学习速度。而合作教学带来的是学习者之间知识的共享共建。两种教学方式的结合指通过实时和非实时的方式在学习社区开展文献讨论、案例讨论等。

### (3)结构性和非结构性教学的结合

传统的教学方式包含教学大纲,以及具有严谨的逻辑性的能力要点和知识要点。然而并非所有形式的教学都是有规划、有组织、有条理的,也并非所有形式的教学都有正式的学习计划和具体顺序的内容。例如在职场的工作场景中,学习者常常是在非结构化的场景下,例如在电子邮件、视频聊天等场景下解决问题,并进行非结构化的学习的。混合教学中的在线视频资料常常是对课程进行知识树分析,进行解构和建构;而线下的讨论和案例解析很可能促进学习者积极主动捕获非结构化的事件中的知识点,并二次建构知识库中已经存在的知识。

### (4)自定义内容和传统教学内容的结合

混合教学中体现了自定义内容和现有内容的结合。一般来说传统教学内容是通用的,未体现特定组织和个人的特殊背景和要求。从成本来看,由于传统教学内容常常是通用的,购买成本相对较低,而根据学习者和机构要求进行定制并融合现场经验和职场经验的教学内容的编写成本较高。混合教学中也体现了自定义内容和传统教学内容的结合,可根据学习者的需求将行业标准等内容灵活融入教学。

### (5)学习、练习和实训的结合

设计科学精致的混合教学也要通过学习、练习和实训的结合。例如在教学中采用基于工作任务的教学形式,并且沿用工作任务流程进行教学,辅以基于信息技术的现实增强手段,营造商务工作场景,使学习者在这样的教学环境中借助"互联网+"的工具如在线聊天工具等,进行跨文化商务沟通学习、合作、实训。

### (6)专职教师和多元教师教学的结合

从教学的主体来看,混合教学为专业教师和多元教师团队合作教学提供了可能性。在混合教学中,实时和非实时教学并存,同步和异步学习并行,使专职教师、学科专家、外籍教师、行业专家组成多元教师团队进行合作教学成为可能。专职教师负责教学的开展,而多元的教师团队为教学内容的更新、教学案例的丰富提供更多支持。

以上这些方面包含教学的环境、内容、呈现形式、学习形式、主体等多方面,但是不难发现无论哪个方面的实现都依托于信息技术,是基于线上和线下相结合的教学形式,因此第一方面是混合教学得以实现的核心。

从其目的而言,混合教学结合传统的面对面教学、基于互联网的教学与基于技术支持教学,旨在创造最有效的学习环境,从而实现最佳的教学效果。混合学习整合了在线教学和传统教学环境、技术和媒体结合的信息传递方式、不同的教学和学习方法的结合、合作学习和自主学习的结合,以及同步和异步互动的结合。其最终目的是选择一种最佳的混合教学的形式从而激发学生积极性,提高教学效果。

# 2.3　混合教学研究的维度

## 2.3.1　根据研究方法分类

**(1)对比研究(Comparison Studies)**

对比研究旨在对比同一课程分别在面对面教学以及在混合教学的情景下的效果差异,测量不同教学模式下语言学习效果的差异。通过测试进行对比是对比研究常见的方法(Nicky,2018)。

**(2)非对比研究(Non-Comparison Studies)**

非对比研究关注混合教学方法,特别是课程设计和课程的实施、学生和教师对混合教学的态度和体验。此外还有研究关注交叉学科的研究,以及计算机技术、AI、大数据等在混合教学中的应用。

## 2.3.2　根据教学要素分类

**(1)根据教学模式分类**

可汗(Badrul Khan,2000)提出了混合教学框架,他认为混合学习提供了一系列的学习体验。教学设计、教学技术、界面设计、学习评价、教学管理、教

学资源、教学伦理、教学机构等因素对在线的学习和教学至关重要。图 2-1
中,可汗的教学框架对混合教学实施起到了保障作用。尤其是在大学等机构
中,混合学习的原则包括明确混合教学的目标和教学资源的分配。在线课程
在混合教学中占据了重要地位,以教师为主体的教学机构在对教学活动进行
指导、设计、调整、管理等中起着重要作用。

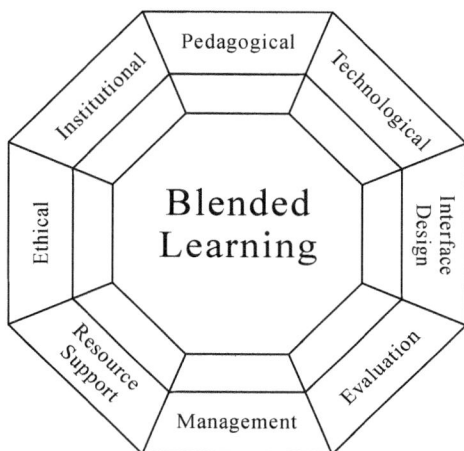

图 2-1 可汗的混合教学框架(2000)

而根据学习者的地域来分,混合教学可以分为两种模式:第一,基于当地
的模式。这种模型吸引了一些地域上比较近的学习者参与,他们喜欢共时性
学习,但时间上又不允许他们每周参加实地的课程学习。在这种新的模式
下,学习者在教学周期内的第一周和最后一周接受面授,其他课时通过在线
学习实现。第一周的面授便于学习者和教学者共同商讨教学目标和教学内
容,而最后一次课通过项目考核的形式有利于学习者之间相互学习,对比学
习成果的差异。第二,基于远程的模式。顾名思义,远程模式打破了地域的
限制,能够为更多学习者提供学习机会。

**(2)根据教学环境分类**

以下这些要素从很大程度上影响到教学环境。

互动:包括提供在线的师生和生生交流。

二语习得:混合教学应该反映 Thornbury 提出的二语习得的 12 条原则。

任务设计和工具设计:学习任务的设计和媒体工具的选择应该匹配。

素材：基于信息技术的任务和教学素材对教学过程有一定的促进。

整合：面对面的教学和信息技术驱动的教学元素应整合起来，达到相互补充、相互支持和相互促进的状态。

考核：基于信息技术的学习任务如写作等应与学习者的总任务考核相结合。

学习情境：混合教学应该考虑到具体的学习情境，包括教师和学习者的需求、技巧、期待和愿景等。

教师培训：教学培训在混合教学实施中是重要的因素，可确保教师理解混合教学的深层原则，从而有效地实施混合教学。

学习者培训：如果学习者自主学习有一定困难，就需要在学习前进行一定的培训。

**(3)根据教学经验**

Thornbury(2016)根据二语习得的研究，针对基于信息技术的混合教学课堂提出了 12 条原则。不管是选择什么样的工具，都需要关注适用性，也就"便于学习者选择适合自己的学习路径和学习目标"。此外选择的学习工具也应该为学习者提供充分的语言输入、输出、反馈、互动等机会，以及主动使用词块、程式化语言、个性化语言等机会。

Whittaker(2013)建议采用四步法设计混合教学课程。第一步，仔细考虑教学环境，确定采用的混合教学法的依据和教学设计中可能存在的局限因素。第二步，设计课程通过选择混合的技术元素，并从面对面的教学和在线教学两种形式中进行选取，决定哪种形式作为主导；进而决定每种形式的教学意图和教学时长，以及教学形式如何符合整体设计的方法论。第二步中还需要制定课程的详细时间表，甚至包含课时数、时长、教学场所等等。第三步，研究所涉及的教师和学生因素，如课程设计过程中的参与者、教师和学生在教学中的角色、面对面教学和在线教学中的互动模式、教师和学生如何在混合教学中进行。特别是教学中的师生比，因为混合教学需要教师在课外投入大量的时间对学生课外的作业进行反馈。第四步，决定如何评估和开发混合教学课程，进而促进课程的迭代和发展。

混合教学模式主要有两种：第一种是以项目为载体的线性模式(Program-flow Model)，以教学步骤为单位，教学过程中由学习者以线性为逻辑展开学习。每步设计相应的练习或者测试,用于了解学生线上学习的情况,便于教师线下教学时根据情况开展教学。这种模式适合用基于互联网的教学活动取代现场教学活动。第二种是围绕核心知识点的辐射模式(Core-and-spoke Model),通过这种教学方式设计的教学内容,教学选取核心内容,并围绕有互动元素、资源、测试和补充模块。围绕核心内容,每个模块可以是必修或者选修,因此教学内容具有不确定性。

# 2.4　混合教学模式的理论依据

不同的学习理论所持的观点不同,有互补和重叠的成分。从目前来看,与学习行为相关的理论主要有行为主义、认知主义、建构主义和联通主义。

## 2.4.1　行为主义

行为主义学派主要关注学习是如何受到影响的,例如来自教师和其他外部因素的影响。学生在学习过程中需要及时的反馈和帮助,反馈和帮助的即时性、具体性、针对性和人际距离,都会影响教学效果。因此在混合教学中,在线教学可以借助论坛、单元测试、讨论组等提供学习者多方反馈和帮助,如专家反馈、专职教师、助教反馈、同伴反馈等;在面对面教学中利用技术提升反馈和帮助的频率和人次,如使用 QQ、微信等方式。对学习者来说学习不是一蹴而就的,而是一种不断积累、不断提升的过程,因此在教学中需要不断地反馈和帮助,从而取得良好的学习效果。

## 2.4.2　认知主义

认知主义学派认为,学习指学习者透过认知过程(Cognitive Process),把各种资料加以储存及组织,形成知识结构(Cognitive Structure)。认知主义强调学习是一种从经验转换成有组织的概念的过程,强调学生的能力和动机之间的差异,个体感知、解释、储存和记忆信息的方式是不同的。

### 2.4.3  建构主义

建构主义理论也叫作结构主义理论,是认知心理学的重要内容。建构主义理论的重要基础是思维图式,当学习者在脑海中形成思维图式的时候,就可以产生知识建构。思维图式指的是个体对外部世界的知觉、理解以及思考的方式,思维图式是认知结构产生的起点和核心,是人类认识新事物的基础,当人类的思维图式不断变化的时候,也就产生了不同的认知,而且正是由于人们思维图式在不断发生变化,不断被新的知识填充,才会产生新的认识和新的体验。建构主义理论在教学中的应用,首先改变了师生关系,学生是教学过程中知识建构的主体,教师是课程宏观体系的构建者、课程资料的提供者、学习过程的引导者;但在知识图式的构建过程中,教师不能代替学生,必须给学生更多自主学习的机会,才能帮助学生产生新的思维图式和知识结构。

### 2.4.4 联通主义

联通主义理论主要研究的是为了适应当前的社会结构变化而产生的全新的学习模式。在当前社会背景下,学习并不是一种个人活动,当慕课这样一种新的教育形式出现时,人们的学习方式和学习目的也会发生改变。联通主义是建立在知识改变、信息的获取和分析基础上的。联通主义的起点是个人,个人的知识结构就可以构成一个联通网络,当人与人之间进行接触的时候,这些知识网络就会相互影响,从而可以反馈给个人网络,为个人提供继续学习的素材。知识是不断变化的,当一个人接收新的资料、新的观点的时候,会结合脑海中已有的知识,产生新的知识结构,从而完成个人知识网络的扩展。

以上这些学习理论并不相互矛盾,而是相互补充的。一般来说,高质量的学习环境和高质量的在线学习环境,应该是基于多元学习理论的。尽管如此,建构主义仍是当今教育学最被广泛接受的学习模式,是强调以学生为中心的模式,因此混合教学的核心在于促进学生进行主动学习。就学习环境而言,学习者越是积极地参与合作学习,学习效果越好,学习内容也越广泛。

# 2.5　混合教学的优势

## 2.5.1　满足个性化的学习的需要

学习者是一个多样化的、个性化的群体,每个学习者有着不同的学习风格。混合教学可以通过对学习教材进行多种形式的处理、传递、协商,从而满足学习者个性化的学习需要,提升学习效果。例如高职英语学习者的学习策略和学习倾向具有一定的特殊性,因此混合教学对解决学生个性化的学习需求具有一定的意义。

## 2.5.2　支持隐性和非结构性学习

除传统的学习方式以外,学习通常包含一些隐性的非结构性的因素。例如语言学习中的文化体验、实践实训等,将开放性、非传统的元素融入教学,开展混合式教学,扩展学习者的思维,丰富学习者的语言学习体验,是对传统语言学习的一种推动和进步。

## 2.5.3　营造人人、时时、处处的泛在学习环境

学习是一种社会性的、终身的行为。混合教学将线上与线下相结合,让不同的学习者能够通过协作、讨论等社会化的方式进行学习;而电子学习可以加速学习者获得知识的速度,延展学习者获取知识的时间和空间。

# 3 高职商务英语课程群"O2O"混合教学模式研究

## 3.1 商务英语课程群"O2O"混合教学调研分析

### 3.1.1 "互联网＋"背景下高职学生英语学习习惯分析

**(1)调研背景和目的**

随着网络技术的发展,高职学生作为数字原著民的特质日益凸显,教学网络化条件日益改善,"线上＋线下"混合教学已成为高职英语教学必然趋势。然而我们必须看到网络环境下英语自主学习和实体课堂相结合的教学,虽然突破了传统的英语教学格局和模式,但也不能忽视这种模式可能面临的问题和挑战。线上教学更多地依赖学生自主学习,学生作为学习主体,目前的学习习惯是否能支持其进行独立预习、复习、研究型阅读,进行项目作业、反思等,形成理想的知识学习过程的闭环? 由于线上教学中教师的监控有限,目前学生的学习自主性是否支持学生自主进行学习目标制订、进度调整、进度管理、自我总结? 因此必须深入调查学生的线上和线下学习习惯、学习动机、规划能力等,以便在教学设计中针对学生外语学习习惯和学习倾向性问题,运用好"线上"和"线下"两种资源和方式,扬长避短,优化组合,以构建新的教学和学习模式。因此项目组对所在学校的高职商务英语专业学生学习情况进行了调查和分析。

**（2）研究方法**

调研对象为项目组所在高职院校商务英语专业学生。本调查采用问卷的形式,问卷编制中参阅了大量文献期刊,并经过了问卷试样、专家咨询等环节。问卷内容主要覆盖基本信息、预习和复习习惯、对线上和线下各种学习形式的不同态度等,共计收到问卷 298 份,对收集到的数据用 Excel 进行统计、分析。

**（3）数据分析**

第一,英语学习预习和复习习惯。本次调查显示受试者的整体情况预习和复习习惯不理想(见图 3-1),每次能做到预习和复习的同学为 0%,仅有少量的同学能经常预习(8.57%)、经常复习(14.29%);两者比较来看,受试者的复习习惯优于预习习惯;很大一部分同学没有形成良好的预习(54.29%)和复习(37.14%)习惯。

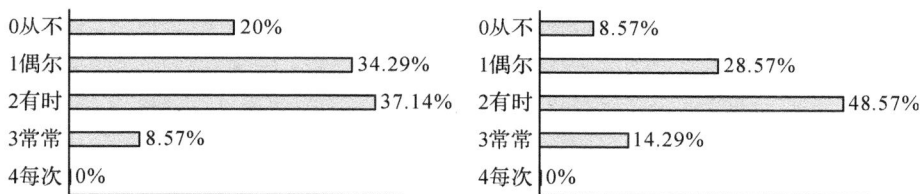

问题1:英语课前你会预习吗?(0 分表示从不,1 分表示偶尔,2 分表示有时,3 分表示常常,4 分表示每次都会预习)

问题2:英语课后你会复习吗?(0 分表示从不,1 分表示偶尔,2 分表示有时,3 分表示常常,4 分表示每次都会复习)

**图 3-1　高职学生预习和复习的情况**

第二,英语学习规划计划和执行情况。调查显示半数以上同学(60%)能够为自己的英语学习(含在线学习)制订计划;仅有 5.71% 的同学和 11.43% 的同学能够或常常能监控自己的学习进度,绝大部分同学不能监控自己的学习进度(见图 3-2)。说明高职学生的在线学习同样面临着大部分网络在线课程自我监控低,比较难坚持的情况。从反思的角度来看,仅有 5.71% 的学生表示总能自我反思自己的学习情况,14.29% 的学生能常常进行反思总结。可见受试高职学生英语的学习计划制订、执行和反思情况不容乐观。

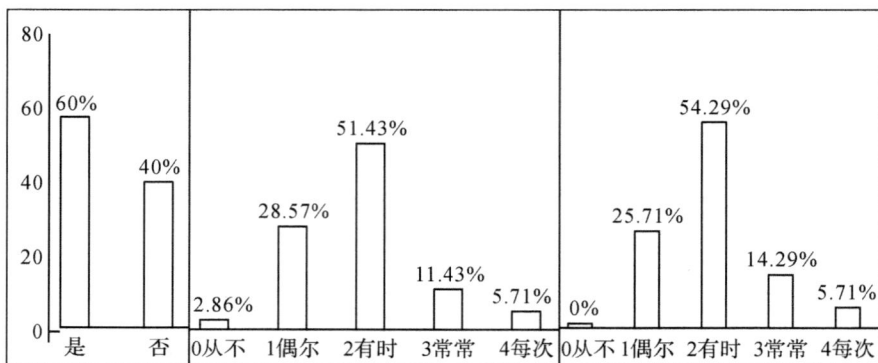

问题3：你能够制 问题4：你是否能按照制订的计划 问题5：你是否会反思自己的
订英语学习计划 监控自己进行英语学习？ 英语学习情况（含在线学习）？
（含在线学习计
划）吗？

**图 3-2　高职学生英语学习计划制订、执行及反思情况**

第三，英语学习动机情况。为了调查受试者英语学习的动机，本调查采用多项选择的方式进行提问。如图 3-3 所示，31.43％的同学是出于兴趣学习英语的，这种内在动机的动力将对英语学习产生积极和持久的作用。而54.29％的学生是出于升学的需要，74.29％的学生是出于就业的需要学习英语的，由于两者百分比超过 100％，很可能重叠部分（28.58％）的同学兼具升学和就业两种学习英语的动机。这种工具型的动机动力比较强，但是目的性也比较明确。从短期来看，受试者们最直接的动机中"通过大学英语四级"最强（82.86％），其次是"提高自己的英语听说读写译水平"（71.43％）和"通过大学英语六级"（60％）。

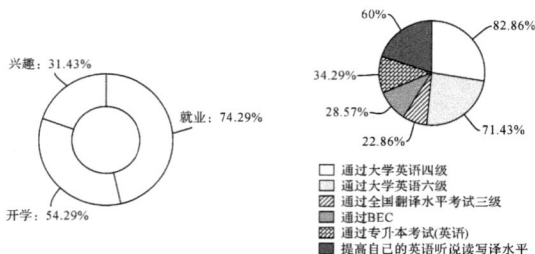

问题6：大学期间你英语学习的动力是？　问题7：大学期间你学习英语的目标是？

**图 3-3　高职学生英语学习动机**

第四,学习倾向性。从学习的倾向性来看,绝大部分同学(91.43%)曾经用过网络课程或英语 App 进行英语学习,说明受试者作为网络原著民已经具有适应网络学习的特质;从认可度来看,有 14.29% 的同学认为网络课程和英语 App 在英语学习中必不可少,40% 认为其很有帮助,可见基于网络课程和英语 App 的线上移动微学习已经被很多高职学生认可(见图 3-4)。

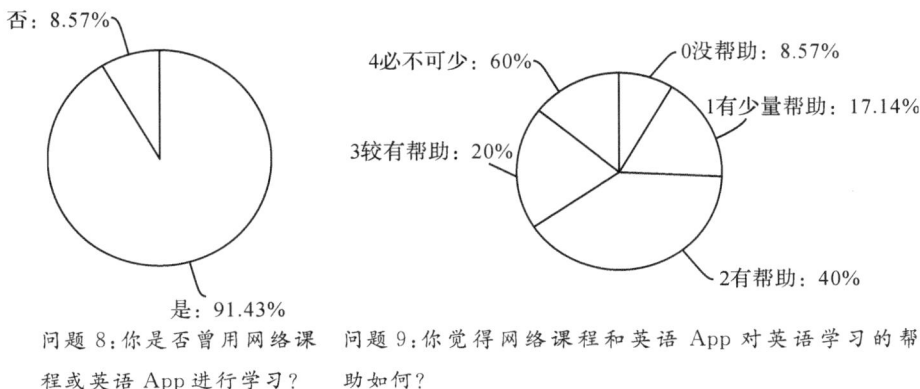

否:8.57%

是:91.43%

问题 8:你是否曾用网络课程或英语 App 进行学习?

4必不可少:60%

0没帮助:8.57%

1有少量帮助:17.14%

3较有帮助:20%

2有帮助:40%

问题 9:你觉得网络课程和英语 App 对英语学习的帮助如何?

**图 3-4 高职学生英语学习倾向性**

此外,学生对英语课堂教学、在线课程、英语 App、英语社团、英语社会实践、英语竞赛等也进行了评价(见图 3-5)。45.71% 的受试者认为实体课堂的帮助最大,这也从一方面反映了现在课堂通过面对面、针对性的指导,获得认可度最高;接下去受试者认可度从高到低依次是英语社会实践(31.43%)、英语竞赛(28.57%),英语在线课程、英语 App 和英语社团均为 25.71%。

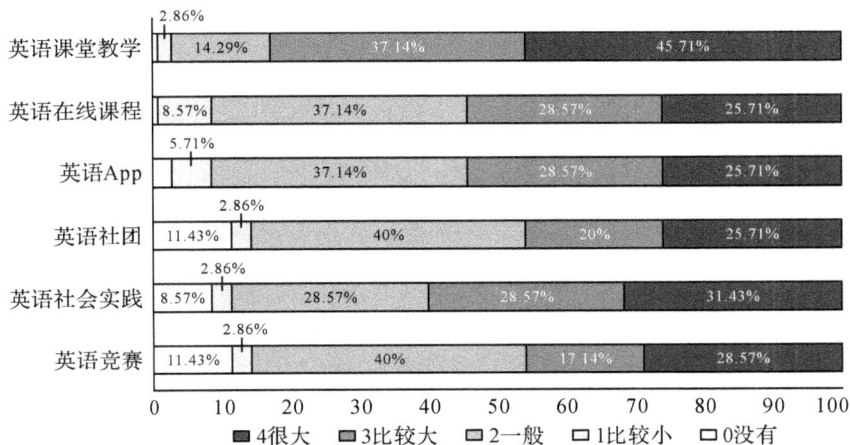

| | | | | |
|---|---|---|---|---|
| 英语课堂教学 | 2.86% | 14.29% | 37.14% | 45.71% |
| 英语在线课程 | 8.57% | 37.14% | 28.57% | 25.71% |
| 英语App | 5.71% | 37.14% | 28.57% | 25.71% |
| 英语社团 | 11.43% 2.86% | 40% | 20% | 25.71% |
| 英语社会实践 | 8.57% 2.86% | 28.57% | 28.57% | 31.43% |
| 英语竞赛 | 11.43% 2.86% | 40% | 17.14% | 28.57% |

■4很大　■3比较大　□2一般　□1比较小　□0没有

**图 3-5 高职学生对各种英语教学形式的认可度**

### (4)调研结论

第一，调查显示高职高专学生并没有形成良好的英语学习习惯。因此，一方面，学生必须认识到良好的学习习惯对英语学习的重要性，并且积极培养自己养成良好的预习和复习学习习惯；通过网络作业、论坛讨论等做预习和复习管理和支持；另一方面，培养学生在英语学习计划、自我管理和反思，通过可视化的课程计划、进度表、脑图等辅助时间管理、计划管理和结构化反思方面的能力。

第二，培养学生英语学习兴趣。兴趣是学好语言的关键。一方面，根据学生学习英语的目标和动机设计教学内容，并讲解商务英语口语、翻译等学习内容的重要性，可以提高学生的学习兴趣。另一方面，将大部分学生的工具性动机转化为内在动机会大大提高学生的学习效果。采用多模态、多媒体的教学形式，以学生喜闻乐见的形式呈现教学内容，激发学生的求知欲望，此外，教师采用鼓励的政策，对学生取得的进步及时表扬，增强学生学习的信心。

第三，加强线上线下教学方式的分层次整合。从目前的教学现状和受试者的态度来看，实体课堂教学是第一性的，有着不可取代的作用。而在线课程、英语 App 等是第二性的。因此需要设计线上和线下教学方式的分层次和整合，以第一性的实体课堂为中心，寻求第二性的教学方式的补充和拓展，与课堂教学相辅相成，发展网络课堂、学生社团、设计实践等，促进学生学习效率的提高，培养学生独立思考、自己解决问题的能力。

## 3.1.2 "互联网＋"背景下外向型企业商务英语人才需求情况分析

在"互联网＋"的背景下，随着"一带一路"倡议的实施和外向型企业的发展，商务英语专业相关目标岗位的职业素养和职业能力需求也相应有所变化。为了了解"互联网＋"背景下外向型商务企业商务英语人才需求最新情况，本项目通过实地走访、电话访谈、问卷调查形式对浙江省中小型外向型企业进行调研。

### (1)受访企业情况

在受访的外向型企业中，65.38％的公司地点位于杭州，其余公司位于嘉兴、绍兴、宁波、金华等地(见图 3-6)。

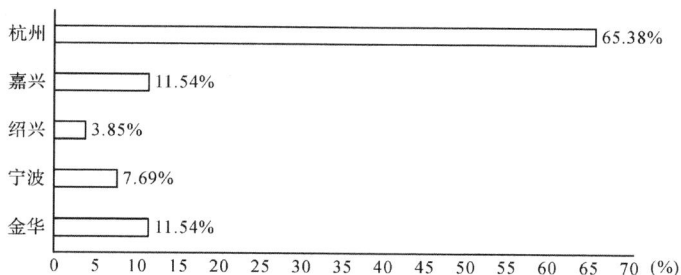

**图 3-6 受访企业区域情况**

在这些企业中,42.31%的企业主营领域为外贸行业,15.38%的企业从事语言培训行业,各有 3.85%的企业从事跨境电商行业和物流行业(见图3-7)。

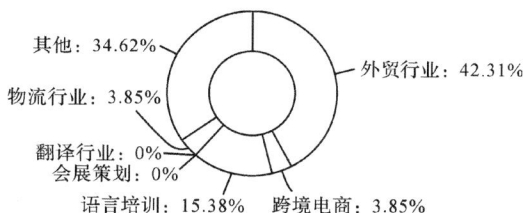

**图 3-7 受访企业主营领域**

### (2)职业能力和职业素养需求

问卷对受访企业的毕业生岗位需求和职业能力进行了调查,企业需求的商务英语人才主要岗位依次是外贸业务员、英语机构助教、外贸跟单岗位、跨境电商营销岗位、物流岗位和英语机构销售(见图 3-8)。

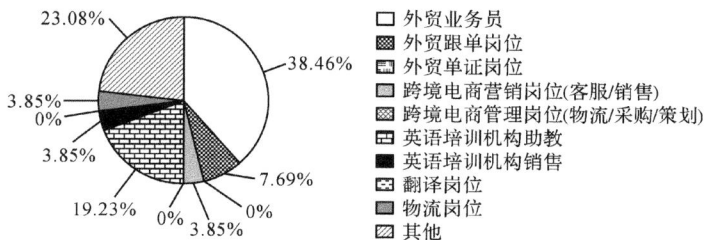

**图 3-8 受访企业需要的商务英语人才主要岗位**

企业对毕业生学历层次要求如下：部分企业（42.31％）要求毕业生具有专科（高职）学历，15.38％的企业要求毕业生具有本科学历，还有42.31％的企业对毕业生学历没有严格要求，只要毕业生职业能力能够适应岗位即可（见图3-9）。

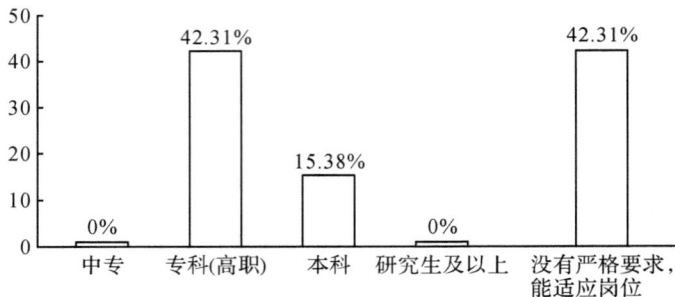

**图3-9 受访企业对复合型英语人才入职者学历层次要求**

根据问卷调查情况，相关企业对商务英语人才的典型工作任务要求从高到低依次是：客户沟通（网络），占65.38％；信函（email）写作，占42.31％；询盘报盘还盘，占34.62％；产品推广推销和产品上架（产品描述），各占19.23％；之后是翻译营销和图像处理与销售文本制作，各占3.85％（见图3-10）。

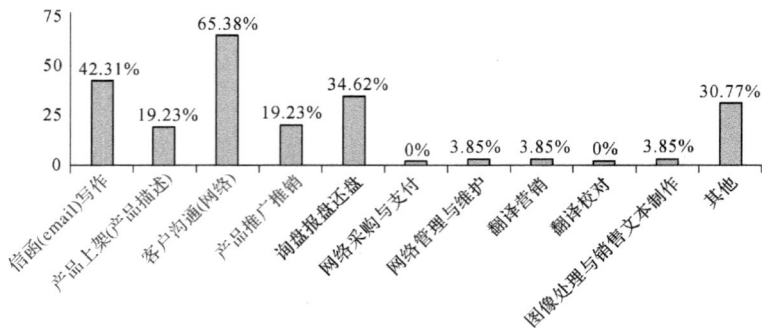

**图3-10 受访企业描述的商务英语人才典型工作任务**

相关企业对入职者职业素质要求如下：受访企业最为重视的职业素质依次是学习能力占65.38％，吃苦耐劳精神占57.69％，合作沟通占53.85％，责任意识占53.85％，应变能力占30.77％，诚信意识占19.23％，组织协调占11.54％，创新能力占3.85％（见图3-11）。

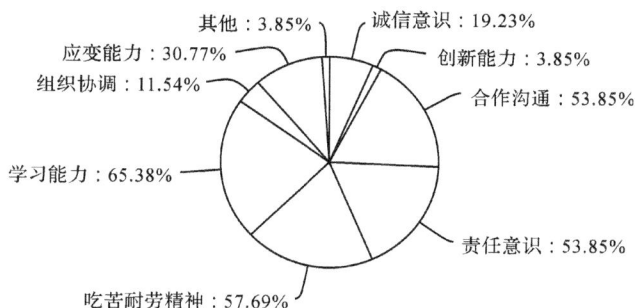

**图 3-11　受访企业对入职者职业素质需求情况**

　　对于毕业生的职业能力要求,受访企业普遍表示重视入职者外语语言能力(73.08%)和业务操作能力(69.23%),同时,也注重入职者的办公图文处理能力(15.38%)、专业理论水平(11.54%),中英文资料搜索能力(7.69%)及网页维护和管理能力(3.85%)(见图 3-12)。

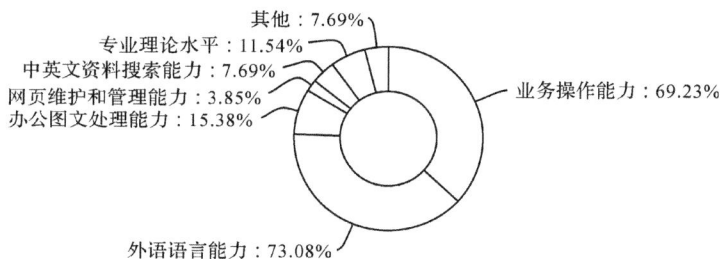

**图 3-12　受访企业对入职者职业能力需求情况**

　　问卷同时调查了受访企业对不同语种商务人才需求情况,除了英语人才(88.46%)之外,企业还对西班牙语(23.08%)、阿拉伯语(11.54%)、俄语(11.54%)、法语(3.85%)或其他语种(11.54%)有用人需求(见图 3-13)。

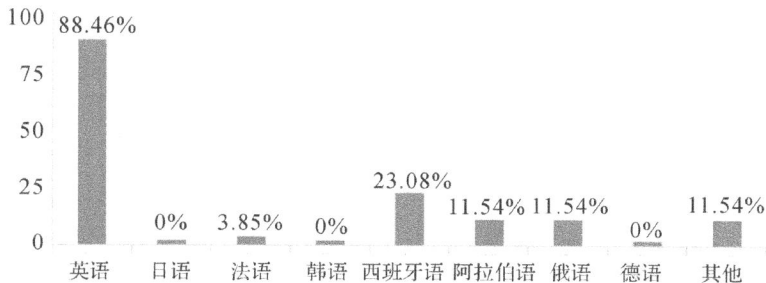

**图 3-13　受访企业对商务人才语种需求**

　　除了英语(50％)人才之外,根据调查,企业急缺的商务人才包括西班牙语人才(26.92％),阿拉伯语人才(23.08％),法语和俄语人才(分别为11.54％),日语人才(7.69％),德语人才(3.85％)或其他语种人才(7.69％)(见图 3-14)。

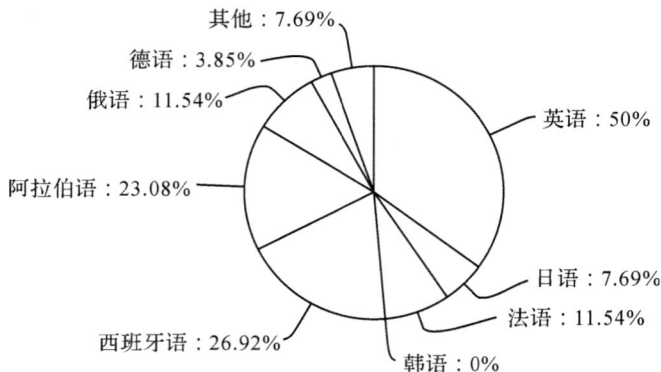

**图 3-14　受访企业急缺的商务人才语种**

　　在毕业生英语能力中,受访企业普遍看重口语交际能力(76.92％),其次是商务电子信函写作能力(50％),商务翻译能力(42.31％),英语网站信息搜索和理解能力(19.23％)和其他能力(11.54％)(见图 3-15)。

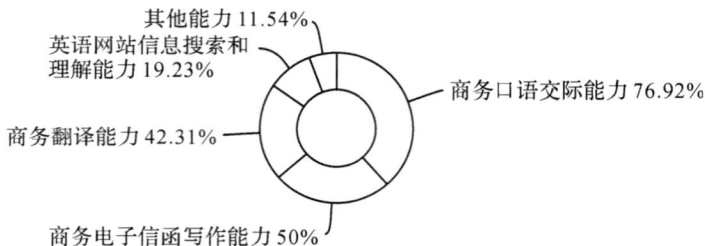

**图 3-15　受访企业对商务英语毕业生英语能力需求**

　　与此同时,大部分企业认为目前商务英语毕业生英语能力中存在的最大问题是商务口语交际能力(73.08％),其次是商务电子信函写作能力、商务翻译能力、商务网站信息搜索和理解能力(各 15.38％)(见图 3-16)。

　　大部分受访企业对入职员工在进行以下工作任务时的能力期待包括:熟练、精准、流畅的电子邮件沟通,专业商务文本翻译,阅读客户提供的专业文

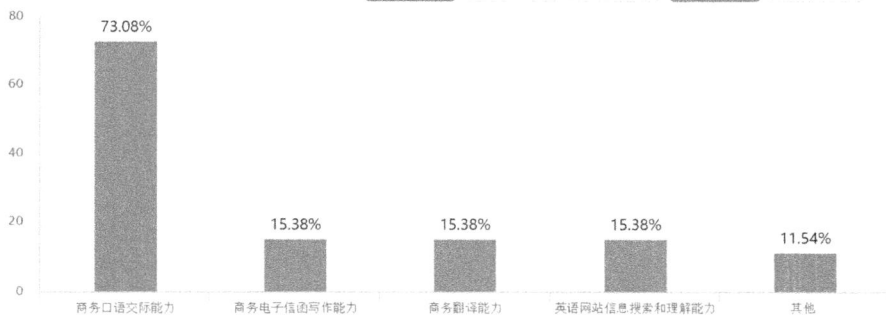

**图 3-16　目前商务英语毕业生英语能力中存在最大问题**

件,借助互联网工具进行读写译,编辑译写网站英语信息,搜索、阅读捕捉产品信息,商务汇报,基本准确、有少量错误的口头电话沟通,在线社交工具沟通,价格磋商和产品介绍说明(见图 3-17)。

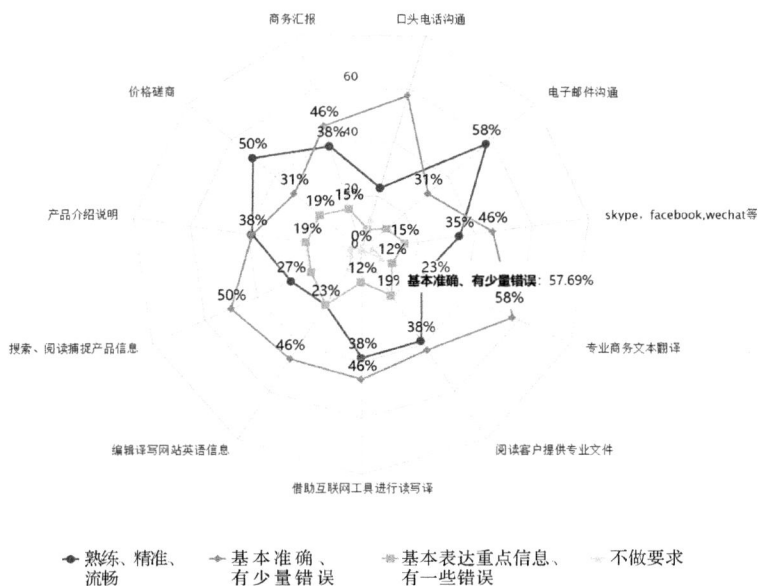

**图 3-17　受访企业对入职员工的能力期待**

**(3)课程设置和职业证书需求**

受访企业对入职者接受课程需求方面(见图 3-18),达到 50％以上的课程有"商务英语口语",达到 40％以上的有"商务英语听力""英语口译""商务英语翻译"和"跨文化交际"。比较奇怪的现象是,"出口业务操作""国际贸易英语函电"这两门外贸工作岗位中运用较多的课程,比例较低,分别是 19.23％和26.92％,因此印证了一些外贸行业专家提出的观点,外贸流程可以花几个月在实践中学会,而入职者的语言能力是需要日积月累练就的。这给人才培养方案的调整提供了一定参考。

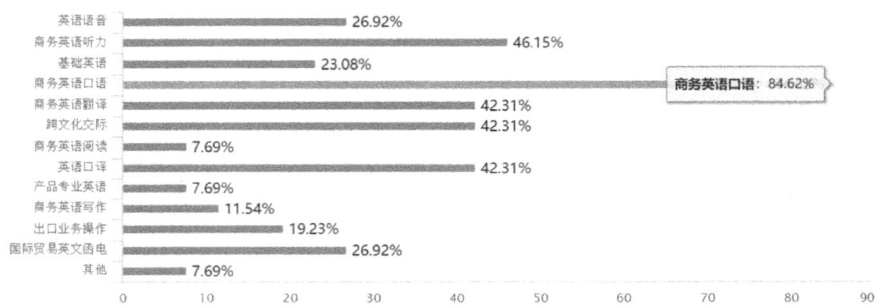

**图 3-18　受访企业对入职者接受课程需求情况**

受访企业对入职者职业证书需求方面(见图 3-19),分别有 53.85％的企业招聘通过英语四级、六级的学生。对于其他职业能力资格证书的需求,依次是外贸业务资格证书(30.77％)、计算机能力Ⅰ级证书(15.38％)及其他(7.69％)。因此在引导学生选择职业证书考试时,应给学生反馈相应的信息。

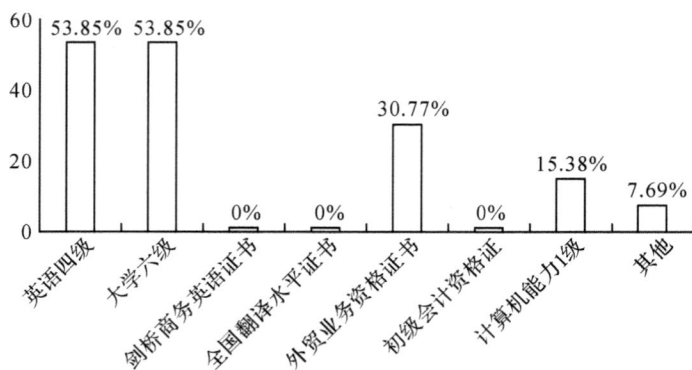

**图 3-19　受访企业对入职者职业证书需求情况**

## 3.2 商务英语课程群"O2O"混合教学模式的建构

### 3.2.1 与岗位对接的商务英语课程群构建

商务英语专业是一个英语语言、商务知识和商务沟通相结合、理论与实际相结合的实践性极强的综合应用型专业。高职高专商务英语教学的目的就是让学生学会商务英语语言知识,培养其在国际商务环境中为完成商务任务而运用英语进行有效交流的跨文化交际能力。然而,长期以来,语言表达能力的培养一直是整个专业教学体系中最为薄弱的环节,这主要由以下几方面原因造成:一是能力点及测评体系缺失,语言教学实践缺乏相关理论支撑;二是语言知识教学与商务知识教学分离,课程之间缺乏有效联结;三是交际氛围缺失,实践机会匮乏;四是学生基础能力薄弱,语言能力发展不均衡。为有效化解以上问题,课题组成员借鉴我国职业核心能力研究的相关成果,致力于组建一个课程群,与商务英语专业对应的岗位群进行有效的对接,从而解决相关的问题。

**(1)课程群与岗位群的建立**

第一,建立商务英语语言表达能力课程群。

商务英语课程群是集语言表达类课程于一体的商务英语专业课程群,课程群将英语口语、写作及翻译等外语应用能力视为在真实工作情境中整体化解决综合性专业问题的一种跨文化语言交际能力,是语言应用能力的重要组成部分;将群内各子课程对学生能力的培养视为一个有序渐进的连续体,皆以职业岗位能力和需求为准绳,以工作任务为中心,以典型场景为载体,以工作过程为情境;将学生视为主体,将教师视为主导,承认学生之间存在个体差异,提倡以形成性评价为主、终结性评价为辅的方式对学生的语言表达能力进行客观评价。

第二,建立商务英语专业岗位群。

高职教育是以培养基层和生产第一线的技术应用人才为办学宗旨的,学生应安心在基层和生产第一线工作,具有良好的职业道德和专业工作能力。商务英语专业毕业生适应外向型现代管理工作;能胜任大量需要口头和书面英语交流的高级文员工作,并具备一定的工商管理知识;也可从事英语教学与培训工作。主要的就业岗位群有国际贸易业务员、跨境电商专员、涉外文秘、外企文员、外向型企业一般管理人员、物流人员、商务翻译、商务助理等。

**（2）商务英语课程群与岗位群对接的内容**

第一,依照岗位群的要求,对课程群进行合理的课程设置。

商务英语专业课程群的能力培养目标是语言表达能力,即口语能力、写作能力及翻译能力。因此,本课程群应该至少包括目前开设的"商务英语口语""商务英语翻译""英语语音""跨文化交际"等子课程,其中"英语语音"课程为专业基础课程;"商务英语口语"课程为专业核心课程,其语言表达能力培养点聚焦于满足商务交际情境,特别是在"互联网＋"的背景下进行商务沟通的能力;"商务英语翻译"课程为专业核心课程,其重点培养点基于日常及商务翻译情境,如名片、商标翻译等,同时体现跨境电商背景下的网页英译;"跨文化交际"课程是职业核心课程,旨在训练具备一定的跨文化交际能力和交际意识。

第二,统一课程标准及评价标准,围绕岗位群要求的能力做好课程衔接,建立规范化课程群。

避免商务英语专业的各门课程一直不能形成规范的课程体系。专业核心课程各自为主,缺乏统一的标准。商务英语专业课程群的首要研究内容便是通过统一课程标准、评价标准,统一表达能力点来使相关学科通过共同的语言表达能力培养目标而最终紧密联结在一起,成为一个规范化的课程群。

第三,根据课程群与岗位群的对接要求,加大学生实训的机会。

商务英语专业基于职业岗位群要求,参照主要课程设置以下校内主要实训项目:商务英语口笔译实训、英语视听说实践训练、外贸单证实训、跨境电商实务。商务英语专业校外实训基地主要分布于跨境电商企业、国际贸易类公司、国际会展公司、商务英语培训机构等。校外实训主要采取分散式顶岗或订单班项目等形式。校外实训的教学工作主要由校外兼职教师以双导师制方式进行,校内任课教师进行必要协助。

## 3.2.2 商务英语课程群"O2O"混合教学模式的建构

鉴于对学生情况、行业需求和专业课程群构建的调查研究,本研究构建如图 3-20 所示的商务英语课程群"O2O"混合教学模式。

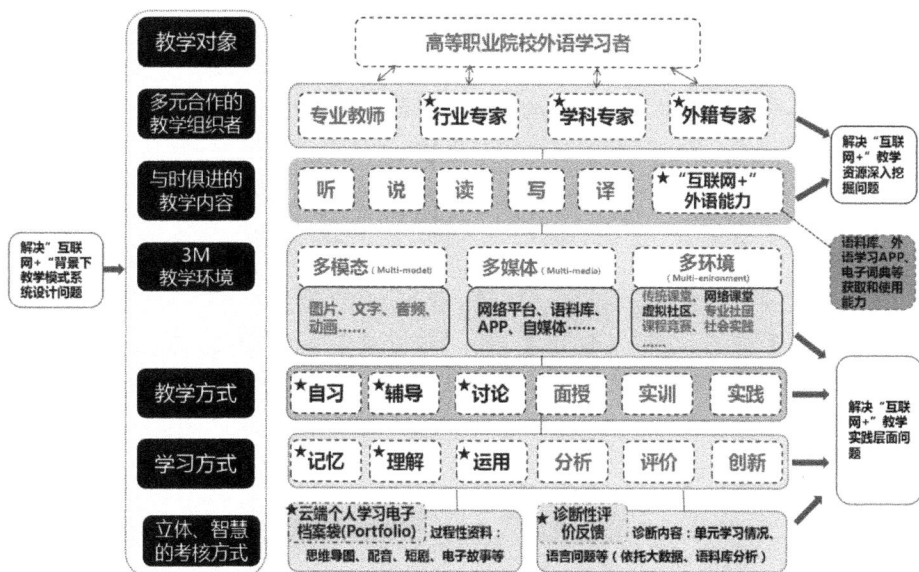

**图 3-20"互联网"背景下的外语类课程群"O2O"混合式教学模式**

注:带★项目为建议"线上"(on-line)开展,或"线上"与"线下"(off-line)结合开展

**(1)打造"线上"+"线下"多元合作的教学团队**

鉴于高职外语类课程"职业性"突出的特点,构建以中方专职教师为主,外籍教师、校外专家、行业兼职教师为辅的多元教师团队。利用 web2.0 网络条件,充分发挥各领域教师的优势,通过在线直播、QQ、微信、网络、微博、论坛等形式,以现场与非现场、实时与非实时多种形式,探索立体化的教师合作教学路径,打造"线上"+"线下"多元合作的教学团队。

**(2)形成"语言"+"互联网"深度融合的教学内容**

课程教学内容是课程群教学改革的重要载体。而目前"互联网+"在高职外语类教学改革实践中的作用局限在"媒体"功能,因此急需重构高职外语类教学课程群教学内容。①需要关注"互联网＋"对学生外语职业能力需求的影响，因而必须根据就业市场和学生可持续发展的需求，遵循以职业实践活动、项目课程、学生主体为导向的原则，以外语类课程听、说、读、写、译技能为经线，以跨文化交际能力、"互联网"外语工具能力为纬线，系统性地更新和重构教学内容。②需要重新认识"互联网＋"对外语类课程资源的影响。增加"互联网＋"外语能力部分，旨在帮助学生尽快适用"互联网＋"背景下的外语学习与工作。该部分包括外语学习 App、语料库、电子词典、翻译软件、平行文本等互联网资源的获取和运用。内容根据认知规律、教学规律、学科系统逻辑性，兼顾教学内容的整体性、连贯性、职业性、碎片化，意在形成"互联网＋"背景下"语言"＋"网络"深度融合的教学内容。

**(3)构建"多模态"＋"多媒体"＋"多环境"的 3M 教学环境**

课程群的教学形式是教学目标实现的有力支持。目前在高职院校外语类课程群的教学形式中，仍然存在教师"满堂灌"的教学模式，忽略了学生知识的建构和内化。因此，外语类课程群教学必须打破这种模式，利用"线上"智慧与"线下"智慧，有效构建多模态、多媒体、多环境的 3M 智慧教学形式，促进学生主动建构。①多模态（Multi-modal）：依托文字、图片、音频、动画、视频等多模态信息，使学生在多模态的环境中进行语言输入和输出，开展研讨式、探究式、反思性学习，如鼓励学生进行数字故事讲解 DST（Digital Story Telling），从而提升学生的学习效率和学习兴趣。②多媒体（Multi-media）：在"App＋""Mooc＋""微课＋"，甚至"自媒体＋"等多媒体支持的网络课堂，通过教师自行录制的教学视频、开放国内外优质教育资源（可汗学院课程、中国国家精品课程等），方便学生随时随地利用碎片化的时间进行学习，使课堂教学有效延展。③多环境（Multi-environment）：提供传统课堂、网络课堂、学生社团、学科竞赛、社会实践等多种教学环境，以"传统课堂"和"网络课堂"相结合的混合教学形式，加上以"金苑翻译社"和"学生大使团"为依托的"社团化"实践教学方式，以"浙江省外语公示语纠错大赛""浙江省大学生挑战杯学术科技作品竞赛"为平台的"课赛融合"教学形式，以"文博会""西博会"等学生志愿者为平台的外语实践教学，利用"线上"和"线下"教学各自的优势，构建满足高职外语学习者个性化学习需求的"多模态"＋"多媒体"＋"多环境"的 3M 教学形式。

### (4)形成"电子档案袋"＋"诊断性评价"立体、智慧的考核形式

外语类课程群的考核形式会对学生的学习活动起到一定的反刍作用,因此很有必要在外语类课程考核中借助"互联网＋"的思维,利用考核撬动学生主动、积极地参与课程学习。本项目以学生的发展为出发点,兼顾学生的终结性考核和形成性考核、线下学习和线上学习考核。①云端电子档案袋(Portfolio):利用云端电子档案袋(Portfolio)形式,以作品化、可视化、过程化为原则,留存学生课程学习期间的过程性资料,如小组讨论记录、小组成果等,如英语短剧、英语朗诵、英过语电子故事等。②诊断性评价:利用线上评价便捷性优势,增加课前、中、后的诊断性评价,使师生的教和学达到有的放矢;利用平台共享性优势,实现师生、生生间评价,行业评价,校内评价等多元诊断性评价;利用大数据和语料库技术的优势,实现对某一学习者常见语言问题的诊断。最终形成以"电子档案袋"＋"诊断性评价"为特色的立体智慧的考核形式。

# 4 "O2O"混合教学共同体研究

## 4.1 教学共同体构建

### 4.1.1 教学共同体构建

狭义的教学共同体是指落实教学任务、开展教学改革、促进教师教学成长的最基本单位(陆国栋等,2014:64)。而广义的教学共同体是指教学生态中,校行政企协育人的教学共同体。教学共同体共同制定教学标准,共同授课,共同考核,共同指导实践竞赛,共同开展科研和社会服务等。

### 4.1.2 "线上"＋"线下"的商务英语教学共同体构建与运行机制

高职商务英语教学共同体的构建能有效提高教学的针对性、时效性、实用性,利用"互联网＋"的优势,根据行业、学科发展等需求,形成专业教师、外籍教师、行业教师构成的"线上""线下"教学共同体。

"线上"教学共同体主要通过线上指导、课程拍摄等形式开展。①线上指导。由于时间和空间的限制,行业教师和外籍教师与专职教师协同教学的难度比较大。通过线上指导,行业教师、外籍教师、专职教师能远程利用碎片化的时间,更加便利地对学生学习、竞赛、实践等提供指导。②课程拍摄。根据课程本身的需要邀请行业老师等为商务英语专业在线课程进行课程的拍摄,便于学生随时通过在线课程进行学习。如实操类微课,行业教师具有先天的优势,他们有第一手的最新案例,熟悉实操的流程,这部分课程由行业老师拍摄最为合适;如翻译批评类微课,外籍教师作为母语人士对国内旅游景点等的英译文本的接受度拥有评价权,因此这部分微课建议由外籍教师通过案例批评形式开展。

"线下"教学共同体主要通过实训指导、教学研讨等形式开展。①实训指导。商务英语专业的工学交替、认知实习、专业实习、定岗实习,特别是学徒班的实习过程中,均由行业教师实地指导和校内教师远程指导实现,保证了实习实践过程中的教学效果。②教学研讨。通过教学研讨,中外教互通对教学理念的认识;专职教师与行业教师可研讨确定教学内容、实训内容、考试内容、考核标准;专兼职教师可以共同开展社会服务与科研。

# 4.2 学习共同体构建

## 4.2.1 学习共同体定义

学习共同体是学习者在共同目标的引领下,在同伴支持和知识共享的基础上,开展对话、分享、协商、反思等实践活动的特殊组织形式(袁利平、戴妍,2009)。学习共同体也是一种多元、民主、平等而安全的开放式学习环境(郑葳、李芒,2007)。学习共同体的构建是以共同的有意义的学习目的为基础,通过学习过程中的支持、互动、对话、分享等形式,促进学习者认知的发展,激发学习者的主体性,提高教学质量。

## 4.2.2 "线上"+"线下"的商务英语学习共同体构建与运行机制

商务英语学习共同体的构建需要以社会需求、行业动态、学生情况、学科发展为依据,利用好"线上"和"线下"两种资源,构建商务英语学习共同体。

"线上"学习共同体,主要依托在线课程、英语学习 App、微信公众号、微信群、QQ 群等开展。①课前,要求在线共同体完成预习、讨论等,主要涉及背景资料查找和讨论、微信公众号内容学习等,能有效激活学习者所掌握的相关知识。②课中,进行问题讨论、意见分享、模拟实训等,主要涉及讨论的头脑风暴、素材分享、作业区相互改译文等,能促进学习者知识分享和共同建构。③课后,基于在线平台,开展项目作业展示、小组互评、单词打卡等。"线上"的学习共同体具有灵活性、碎片化的特征,符合学生的学习倾向性,通过同伴效应促进学习习惯养成、自我意识提升。

"线下"学习共同体,主要通过课堂学习、学科社团、学习竞赛小组、社会实践团队等展开。①课堂学习中,通过小组讨论、二人项目作业、同伴评价等形式,可以促进学习者之间的对话、知识分享和合作。②学科社团中,项目组以英语基本能力为依据构建了商务英语专业"三团一班"的商务英语"社团化"教学格局,"英语沙龙协会"主要组织学生开展口语相关的活动,"金苑翻译社"提供笔译相关的社会实践,"学生大使团"则开展与口译、英语讲解相关的服务国际会议等涉外活动的实践,而"国际化"培优班则旨在培养学生"国际化"素养。学科社团作为课堂的延伸,能有效提供学习者共同深化学科知识的认知和实践能力。③学习竞赛小组中,2—4 人的学习竞赛小组,按照年级梯队、优势互补等原则进行滚动训练,老生带新生,组员间相互学习,定期复盘,养成良好的相互学习和反思能力。④社会实践团队,以项目制开展活动,在计划书撰写、资料查找、实地收集资料、分析总结问题、实践报告撰写等整个过程中,组员相互协调,共同学习进步。

## 4.2.3 商务英语学习共同体构建案例——以"国际化"培优班为例

### (1)定制"英语＋小语种"课程,强化跨文化沟通能力

指导教师团带队为"国际化"培优班学生定制"英语＋小语种"课程,在增强学生英语语言能力的同时,增加企业需求较为集中的西班牙语等小语种课程,有效强化学生跨文化沟通能力,适应市场需求。第一,开设"竞赛口语"小

班课,建设英语备赛赛手库,通过"魔鬼"训练,以赛促学,强化英语沟通能力。国际化培优班的同学组成各项英语、电商及国贸类大赛的备赛库,优先获得比赛机会,代表我校参加省赛甚至国赛。截至目前,培优班成员已获得各类国赛和省赛的一等奖和二、三等奖若干。第二,开发"实用西班牙语""实用捷克语"等小语种课程,以"实用为主、够用为度"的原则集中优势资源分小班开设,每周授课,并按学期考核,将"英语+小语种"的能力真正赋予学生,共计开设小语种班3学期(12周/学期),受益学生50人次。第三,开展"一带一路"国别文化讲座,让学生掌握丝绸之路沿线国家的风土人情和文化宗教,建立他国文化意识。共计开展国别文化讲座6次,涉及日本、捷克、阿拉伯、波兰、美国等多个国家。第四,开展"行业专家"商务职场专题讲座。每学期邀请3—4位涉外领域行业专家进行主题讲座,让学生接触行业第一手资讯,清晰认识到国际化进程下的行业企业对人才的复合型需求。

**(2)搭建外语实践平台,培养职业素养和"工匠精神"**

指导教师团队搭建金译工作室、社会实践、志愿者、行业参观、游学等多种平台,促进学生职业素养的养成。

第一,精心设计社会实践,用专业知识回馈社会。

由专业教师结合专业特色选定暑期社会实践选题,带队走进社区、景点等开展涉外调研,培养学生语言敏感性和社会服务意识。至今学生已经完成对杭州32个涉外小区公示语、杭州交通枢纽公示语、金融公示语等的调研,完成的调研报告曾在浙江省大学生挑战杯大赛和中国金融基金会暑期调研报告大赛中获奖,其中涉外小区调查公示语翻译反馈信也陆续送达涉外小区,受到了滟澜社区等涉外小区的高度好评。

第二,开设金译工作室,提供翻译实践机会。

工作室以项目运作的方式让学生参与笔译,按劳计酬,活学活用课堂知识,磨炼商务沟通技能,体验译员的酸甜苦辣。目前已完成文字翻译近10万字,完成代表性项目3个:浙江省商务厅"浙江名片"翻译项目、"两山理论"下景区乡村外宣翻译项目、杭州文化会展公司翻译项目。

第三,搭建志愿者服务平台,服务杭州涉外会议。

学院集中资源,积极对接国际会议、国际赛事及国际论坛,通过语言类的专业志愿者服务提高学生的语言应用能力和国际交流能力以及应对和处理问题的能力。培优班学生已经为商务部援外项目、发改委"一带一路"会议、文博会等重要会议进行涉外志愿者服务。

第四,担当学院"学生大使",为国际友人讲解校园景点。

培优班的学生以"学生大使"身份服务来我校参观交流的各个国外代表团,用流利的英语为他们讲解校园景点、金融博物馆和票据博物馆。在实践和提高语言能力的同时,更是开阔了国际化视野,锻炼了跨文化沟通能力。截至目前,"学生大使"们已经为来自荷兰、法国、英国、台湾等国家和地区的领导和代表团讲解校园。

**(3)培育"外语＋"创新项目,提升科技创新创业能力**

团队教师邀请浙江省科技战略研究院、麦朴科技、浙江省老字号协会等机构、企业和协会的专家为学生指导,借"挑战杯"和"新苗计划"等平台,将结合"互联网＋"和人工智能的大背景,打造师生创新创业工场,带领培优班成员备战科技创业类竞赛,积极探索专业学习和就业发展的新方向。截至目前,已经培育"早教英语趣味发生小屋""迎亚运市民英语 App""制艺匠品"等师生合作、"新苗计划"、"挑战杯"项目 10 余个;浙江省"新苗计划"立项 2 项,师生合作项目 3 项。

**(4)反思**

从学生反馈来看,辅导教师团队对"国际化"培优班学生满意度进行问卷调查,数据显示学生对"国际化"培优班的总体满意度非常高,按照五级量化评价,4 分(含)以上的评价达到 95.24%。从培优班提供的模块培养内容来看,志愿者活动和小语种课程的评分最高,有 80.95% 的同学对志愿者活动的评分为 5 分,57.14% 的同学对实用小语种课程评分为 5 分;从自我评价来看,学生认为"国际化"培优班对以下三种能力或素养的提升最有帮助:国际视野(90.48%)、小语种能力(71.43%)、自信心(66.67%)。可见"国际化"培优班这一培养模式受到了绝大部分学生的认可,但从学生自我评价来看,仍须加大力度凸显英语语言能力等核心能力的培养。

从教师反馈来看,教师指导团队在反思 2017 届、2018 届"国际化"培优班运行的基础上,就改进方向进行研讨,总结以下改进要点:

第一,高度关注涉外志愿者活动,增加岗前培训和复盘反思环节。以"亚运"为契机开发培训包,实现志愿者岗前培训,建立反思机制,复盘讨论活动情景,总结志愿者活动中的收获和不足之处,实现国际志愿者活动中学生认知的螺旋上升和知识闭环。

第二,关注模块能力的结构化,重点模块能力形成定制"选修课"。"国际化"培优班学生满意度反馈显示,对小语种(每周 2 节)、涉外志愿者等频次较高的活动满意度和获得感最高。因此在 2019 年的"国际化"培优班中,可以考虑将商务英语翻译沙盘模拟、校园讲解模拟等模块内容升级为定制"选修课"。

第三,提升"国际化"培优班指导团队的理论和实践素养,关注新的理论和研究方法,进一步形成标志性的实践模式。

# 5 "O2O"混合教学内容研究

## 5.1 "商务英语翻译"课程混合教学内容支架式构建研究

　　建构主义认为学生的学习过程是主动建构的过程。为了提供学生主动建构的支柱，在"商务英语翻译"混合教学内容设计中教师力求构建兴趣支柱、载体支柱、方法支柱，实现线上和线下教学内容创新。通过动态化的翻译语料、实用性极强的内容提升学生的学习兴趣，提高学生学习的主动性；通过项目设计情境化、项目实训过程化，学生真正地在课堂中体验到真实翻译项目载体中的"实战"感；技能化的理论知识、可视化的专家论道，帮助学生通过最直观、最有效的方式掌握翻译方法，提高实训成功概率，从而形成学生学习的良性循环（见图 5-1）。

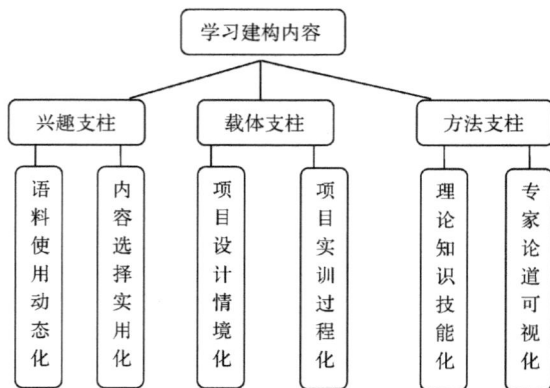

图 5-1 "商务英语翻译"课程学习内容建构行为支柱图

第一,语料使用动态化。

为了克服传统课本翻译例子陈旧过时的问题,我们在翻译教学中注意语料使用的动态化,即根据翻译界的最新动态、学生的兴趣、教学内容的需要动态选择语料。语料来源方面,可以有行业兼职教师咨询、教师访学、学生社会实践、"金苑翻译社"业务、横向课题、科研课题等途径。目前课程组已经在浙江省各地以及澳大利亚、英国、美国收集了大量的语料可用于课堂教学,而且现在课程组仍在动态收集各种宝贵的翻译语料。其中用图片进行保存的语料有 10000 多张,部分图片已经按照课程教学的主题分为商务名片、公示语、商品说明书、商务广告、旅游解说等专题,作为教学中的动态语料,放在课程平台的资源中供师生选取。如教师访学中收集的美国纽约第五大道公示语、英国伦敦海德公园简介,往届学生在实习实践中收集的杭州景点、交通公示语等。

第二,内容选取实用化。

教学内容的选取根据学生的生活和工作需求,力求实用化。例如 2014 级英语 11(1)班同学工作中因参加国际展会,需要将所在的杭州浣纱织造有限公司的公司简介翻译成英语;又如学院汇丰大厦餐厅常有外籍人士就餐,需要将菜谱进行英译;再如杭州快速公交车站公示语翻译有问题,需要进行修改。教师将这些源于生活、与未来工作岗位密切相关的翻译案例,引入课堂,大大提升学生学习的兴趣。

第三,项目设计情境化。

课堂教学中如能提供具有具体情境的翻译项目,有助于学生主动根据情境要素,联系所学的翻译理论和技巧主动解决问题。在设计项目要素把握方面,可根据德国翻译家斯蒂娜·莎弗纳(Christina Schaffner)的"模仿真实情景"教学法,再现翻译情境(Translation Situation)的各个要素,如翻译项目的发起者(Translation Requester,可以是翻译社、企事业单位等)、译文使用者(Target Text User,可以是英美游客、某产品的外国使用者等)、译者(Translator)、翻译目的(某文本翻译需达到的目的)等。课程组将这些要素归纳为 4 个 W 和 1 个 H,即人的因素(Who)、时间因素(When)、地点因素(Where)、目的因素(Why)以及方式因素(How),并用这五大因素保证每个项目的情景化。例如在菜名的翻译教学中,借助仿真英语实训室的餐桌等道具,通过短剧导入的形式将"龙井虾仁""东坡肉"等菜名翻译的情境呈现出来。又如楼外楼公示语翻译改错项目中,以图片的形式展现某外籍人士同一天在景区看到的两则不同的楼外楼公示语翻译。教师只需稍加点拨,学生就能主动快速地根据情境进行分析,很多同学都能得出需要统一"楼外楼"译名的结论。

第四,项目实训过程化。

翻译项目教学中,翻译学习者解决问题的过程同时也是他们主动建构的过程。英国翻译理论家皮特·纽马克(Peter Newmark)提出翻译学要做的是告诉学生所有翻译程序涉及或可能涉及的东西。可见在项目教学中,应以过程为导向,参考经验译员工作过程的典型工作阶段,将项目任务分解为不同的阶段或者环节,让学习者按照工作环节解决翻译问题。我们在教学过程中根据德国翻译家达尼尔·葛岱克(Daniel Gouadec)对翻译行业的研究,将翻译项目过程分为下面 5 步展开(见图 5-2)。

图 5-2　专业译员的工作流程

在实际的教学过程中,又融入了反思性学习理论、目的论等,个性化地将翻译项目实训的过程简化,PWP 的过程见图 5-3 所示。

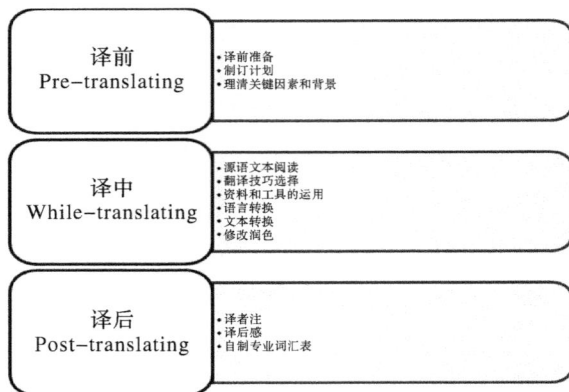

图 5-3　PWP 的翻译项目实训过程

上述表格描述的 PWP 的翻译过程中,包含了译前(Pre-translating)、译中

(While-translating)和译后(Post-translating)三个阶段。在译前的阶段,需要做一些翻译前的准备并制订相关的翻译计划,还需要理清翻译项目中的关键因素和背景信息,例如目的因素、人的因素。正如本部分的第一大点中提到的,理清这些关键因素有助于指导我们在进行翻译时解决一些细节问题。在译中阶段,建议译者提升自身的翻译技巧和决策能力,并有效利用相关资料、网络字典、平行文本、语料库等翻译工具辅助翻译。译后阶段看似没有必要,但对于翻译初学者来说是非常好的自我提升的途径:译者注能够具体地记录译者的翻译过程,便于反思;通过译后感的书写,译者能对自己的翻译过程反思,并总结相关的经验;在完成某一领域材料翻译之后马上进行专业词汇的整理也是译者不断进行积累的途径,图5-4为译者注和专业词汇表的模板。

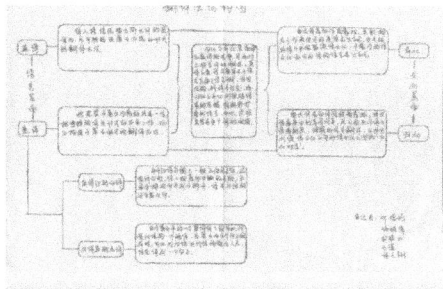

| 用途 | 词汇 |
|------|------|
| 原料 | 涤纶:PLOYESTER<br>锦纶:NYLON<br>真丝:SILK<br>…… |
| 产品名称 | 牛津布:OXFORD<br>…… |
| 颜色方面 | 灰色:GREY |
| …… | …… |

案例1:思维导图形式的译后感

案例2:根据用途整理的服装面料专业词汇表模板

**图5-4 过程性翻译教学案例图**

第五,理论知识技能化。

"商务英语翻译"课程中涉及较多的翻译理论,如按照传统的讲授发展能力造成不良的影响。为了能在较短的时间内,比较直观地向学生展示如何运用翻译理论,我们将理论技能化,并用图表、公式、流程等多模态可视化的形式来呈现。如讲解长句的翻译时,又将相关理论转化为技巧,并创新性地将其为四字口诀(见图5-5);如"菜名的翻译"中,我们将菜名翻译的理论总结为公式,学生按照公式——填入便能完成基本的菜名直译;再如讲解德国翻译家诺德(Christiane Nord)的目的论时,我们将分析过程转化为3个简单的问题。通过这样的方式,学生能较快掌握一些枯燥的基础性理论,学习效率也提高了。

第六,专家论道可视化。

图 5-5　理论知识技能化案例：长句翻译四字诀

　　课程建设至今已经积累了丰富的翻译行业经验和专家资源，但是由于行业专家工作时间的限制，邀请专家授课仍然比较困难。为了配合课堂教学，我们请行业专家、外籍教师、资深议员等对自己的翻译经验或对译文的反馈进行提炼，拍摄 30 秒—3 分钟不等的视频。我们将这些视频配合课堂教学需要进行播放，并上传到课程网站的"视频专区"中，供学生反复观看学习。我们还根据课程的性质，分三个系列拍摄专家论道：①行业专家系列，主要请来自行业的专家讲解自己翻译时的心得体会；②外籍专家系列，英语译文的优劣最终还要取决于外籍人士接受程度的高低，因此我们邀请外籍人士对现有的译文进行概括性评价，并对我们的翻译提出高度精练的建议；③翻译专家系列，高校翻译领域专家对翻译理论以及最新动态进行总结。到目前为止，课程组共计录制 7 段相关视频，学生反馈非常好。

# 5.2　慕课环境下的"英语语音"课程开发研究

　　近年来慕课备受教育界关注，它是一种开放式教学模式，具有大规模、社会性等各种优点。从慕课诞生开始，对这种教学模式的研究一直未停止，而且其在教学过程中的应用也越来越广泛。慕课的核心概念是"微课程、小测验、实时解答"，与以前单位课时长、缺乏激励机制和互动教学的课堂完全不同，慕课可以实现在线交流，较短的单位课时，有助于提高学生的注意力。在慕课环境下必须积极加强语言教学模式创新，借助慕课这一全新的教学形式，提高学生语言课程学习的积极性，促进学生课后自主学习实训，实现翻转课堂和"线上"与"线下"一体化教学。

## 5.2.1　慕课概述

　　慕课也叫作大规模网络开放课程，是一种面向社会公众的免费网络教育形式,是对传统教学模式的颠覆,结合了互联网技术、计算机通信技术等各种新技术,可以在线分享优质教学资源,并且可以为学习者提供完整的学习体验,十分注重教学过程中的互动。2008 年首次提出慕课概念之后,国外很多知名高校都开始纷纷应用这种新型教学模式;在当前的研究阶段,慕课通过碎片化、结构化的教学视频,开放性的学习内容和互动的教学环境,培养学习者的自主学习能力和思辨能力。当前慕课平台上的教学资源主要为微课程,持续时间为 10 分钟左右,甚至更短,有的为 5—8 分钟,讲解的内容是某重点难点知识,在慕课与慕课之间设置了进阶性小问题和小测验,当学生完成某个微课程学习之后,必须完成测试才能继续听课,如果在学习过程中有任何疑问,学生也可以直接提出,由教师或者其他学习伙伴解答问题。在这种学习模式下,学生的注意力更集中,而且每一个微课程学习之后都可以经过测试,对自己所学的内容进行巩固,从而掌握更多知识,循序渐进地开展学习。慕课真正实现了传统教学模式的创新和突破,在慕课应用过程中改变了传统的师生关系和学习模式,使学生自主性、个性化、泛在学习和深度学习成为可能。

## 5.2.2　慕课环境下的语言课程开发

### (1)语言和专业知识的结合

将语言教学和专业知识结合起来,不仅可以帮助学生掌握自己所学专业的知识,还可以促进学生的语言应用能力不断提升。实现语言和专业知识的结合是针对当前语言教学过程中基础知识教学与专业知识脱离的现状所提出的。教师在开展语言教学的时候,可以有意识地将一些与学生的专业相关的慕课课程渗透进来,通过教师的讲解和慕课视频,学生能够加深对专业知识和基础语言知识的学习。需要注意的是,在教学过程中应该要使用目标语言进行教学,在课堂上营造一种良好的语言环境,为学生大胆说提供良好基础。例如接待是日常交流过程中的一个常见内容,为了提高教学效率,针对国际商务专业的学生,可以根据学生的专业课程知识,设计一个机场接机的对话情境,让学生用目标语言将专业知识表达出来,进行完整、流畅地对话,不断累积语言素材。

**（2）线上线下的一体化**

"慕课"资源可以作为教学过程中的重要补充，对语言课堂进行延伸，而且慕课也可以弥补学生在语言学习过程中的不足。慕课虽然是全新的高效的模式，但是不能完全依赖，必须要将课堂教学与慕课结合起来，只有线上线下一体化才能发挥出更大的作用。具体来讲，教师在制作慕课视频的时候，必须结合教学情况，有针对性地选材，让学生可以巩固知识，储存更多的知识；教师在对慕课资源进行利用的时候，必须结合教学课堂内容，提炼教学中的重点和难点，进行巩固讲解，将慕课作为课堂教学的补充，从而丰富学生学习的素材，提高学生的学习兴趣。在课后，学生可以利用在线资源，根据自己的兴趣、需求和时间安排学习，并依托语言社团、语言类志愿者活动、国际游学等第二课堂、第三课堂活动，将在线慕课、实体课堂的内容学以致用，实现线上线下的一体化教学。

**（3）课堂上的良好互动**

在语言教学的过程中，互动是非常关键的环节，但是由于个人性格、发音、词汇量、口语流畅程度的限制，很多学生羞于开口，导致口语实训输出有限。利用慕课开展教学，就必须改变传统的课堂氛围，在课堂上创造可以让学生开口、互动交际的机会。慕课是在互联网上开展教学的模式，以网络媒介做平台，以虚拟网络为环境，从而减轻学生心理负担，加上教师的引导和巧妙设计，可以提高学生的活跃程度，大胆地和其他学生以及教师进行交流，实现良好互动，提高口语交际水平。

## 5.2.3 "英语语音"课程开发与教学设计

**（1）微课视频制作**

根据教学目标与教学内容，教师可搜索网络上国内外优质网络音频和视频资源来作为课程视频资源，也可以自行录制教学视频，根据我校学生的语音水平，所在的英语语音课程团队联合我校美国籍教师共同录制了一系列语音微课视频，以短小精悍、清晰明了、实用典型为原则，拍摄高职学生所需要掌握的基本音素、语音语调等内容的微课。

**(2)学生课前自主学习**

学生通过观看教学视频,学习发音技巧,了解知识点和任务点,结合个人情况自定学习进度,在学习过程中可以暂停也可以从头回放,进行反复观看和模仿,最终掌握正确的发音要领。这种学习模式能很好地解决学生程度不一的问题,避免了水平较差的学生因羞涩和颜面的原因而不愿在课堂上表现,从而失去锻炼的机会。课前除了观看视频,教师还针对本次课的知识点设计一些练习供学生完成,自我检测视频观看的效果。翻转课堂模式能够让学生可以随时随地利用碎片时间进行学习,学习更有针对性,变得自主化和个性化,也突破了传统课堂的局限性。

## 5.2.4 小结

综上所述,慕课是一种全新的教学模式,将传统的教学模式和现代信息技术有机结合起来,使得教学形式有很大的程度创新。在语言教学过程中,可以加强对慕课教学模式的应用,从教学内容、教学方式创新等多方面着手,为学生创造良好的学习氛围,提供丰富多样的学习素材,并且学生可以自主安排学习时间,兴趣不断提高,为培养语言方面的职业能力奠定坚实基础。

# 5.3 生态视域下的"菜名的翻译"微课开发研究

微课程(Micro-lecture)的雏形最早见于美国北爱荷华大学(University of Nothern Iowa)的 LeRoy A. McGrew 教授所提出的 60 秒课程(McGrew, 1993)以及英国纳皮尔大学(Napier University) T. P. Kee 提出的一分钟演讲(Kee,1995)。随着移动通信技术、媒体技术的发展,以开放、共享为理念的教育资源运动蓬勃开展,"微"的教学模式也在全球范围内兴起。国内外学者也在微课程的实践中积累进行了大量的实践和理论研究。在国外可汗学院(Khan Acadmy,http://www.khanacademy.org/)、TEDed(http://ed.ted.com)、英国教师电视网站(teachers TV,TTV,http://www.teachers.tv),以及乔·托马斯(Joe Thomas)博士创办美国"英语中心"(English Central)提供的"看学说"（Watch Learn Speak，http://www. englishcentral. com）为代表的微型网络课程进一步推进教育研究者对微课视频进行探索性的研究。国内众研究人员、一线教师，勇于实践，进行微课实践和理论的探索。2010年广东、佛山、深圳、天津、内蒙古等地针对"小、初、高"各学科征集优质微课，丰富了教师"教"和学生"学"的资源。2012—2013年中国教育部全国高校网络培训中心举办首届全国高校教师微课教学比赛，旨在贯彻落实《国务院关于加强教师队伍建设的意见》和《教育部关于全面提高高等教育质量的若干意见》精神，推动高校教师专业发展和教学能力的提升，促进信息技术和学科教学融合，搭建高校教师教学经验交流和教学风采展示平台，也推进了高校微课程的改革和探索。

国内学者对微课程的定义不尽相同。广州大学教育学院田秋华副教授基于对微课的内涵和实践的分析，将其定义为"基于学校资源、教师能力和学生兴趣，以及主体模块组织起来的相对独立于完整的小规模课程，具有'短、小、精、活'的特点，适用于学校教育的各个阶段及各类课程"（张静然，2012. 11:20）。微课的核心内容是课堂教学视频，同时还包含与该教学主题相关的教学设计、素材课件、教学反思、练习测试及学生反馈、教师点评等教学资源，它们是以一定的结构关系和呈现方式共同营造了一个半结构化、主题突出的资源单元应用"生态环境"（见图5-6）（胡铁生，2011.10:62）。因此微课与传统的教学设计、教学课件和教学反思不同，它是基于这些基础构建的新的课程资源形式。

图 5-6  微课教学资源生态环境

## 5.3.1 微课教学设计生态理念

**（1）整体处境**

生态理论强调整体和处境，整体性是指生态系统中的个体与个体之间，个体与环境之间是相互联系、相互依存的整体；处境是指生态系统中的个体不是孤立存在的，而是处在某种特定的环境中的。生态理论指导下的商务英语翻译实践和教学也强调翻译生态中译者、委托人、译文读者以及其他相关因素共同存在于商务英语翻译生态中，翻译生态具有一定的整体性。而任何翻译任务都不是以"文本—译者"这种孤立的形式呈现的，而是具有一定的"处境性"，译者必须根据翻译任务所处的特定的翻译生态环境进行分析、选择和适应，从而使译文与翻译生态达成整体的和谐。

在商务英语翻译教学设计中，翻译任务的设计应该考虑翻译生态的整体性和处境性，如实地反映真实翻译生态的情况，引导学生在完成翻译任务时，不能孤立地看待源语文本。因此微课教学设计中的导入环节，以仿真的情景剧形式，交代了学习情景，让学习者尽快地入境，紧接着在翻译技巧的讲解和翻译实训两个环节均依托导入部分的情景展开。这样一来，教师的讲解和学生的实训都是在具体化、整体、处境的翻译生态中展开。

**（2）以人为本**

中国传统生态思想提倡"天人合一"，注重"以人为本"就是将实现人的全面发展的价值目标诉诸"人—自然—社会"整体协调统一的具体实践中，体现了人的解放和自然的解放的内在统一。因此根据生态伦理，遵循生态翻译理论中的"译者中心"，在商务英语教学中以学生为中心，注重以人为本，关注学生的认知、情感需求，充分体现中国传统生态伦理，对商务英语翻译教学实践有一定的促进作用。

在本微课设计过程中，教师尝试为学生构建多维学习支架，辅以多种形式教学资料，通过寓教于乐的教学形式，提高学生学习兴趣，降低学生学习的焦虑感，充分体现了对学习者认知和情感需求的重视。微课设计为学生搭建了多维的学习支架，以降低学生学习的难度和学生的焦虑（见图5-7）。

教学活动的设计和教学资料的选择也应该充分考虑学生的认知和兴趣

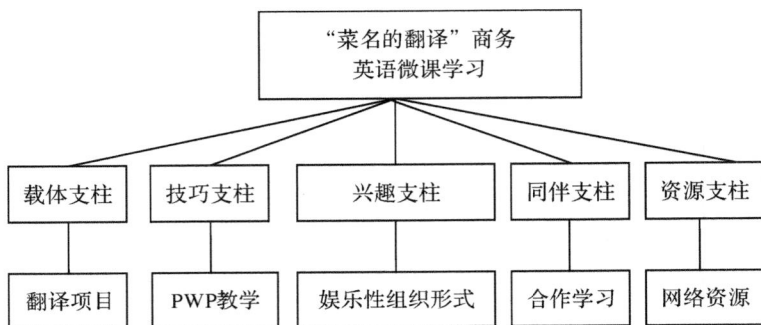

图 5-7　微课学习支柱构架图

需求,在本微课的翻译实训环节采用竞赛、竞猜的形式提高学生的兴趣。教学素材的选择方面注意学生的认知和情感需求,力求源于生活,反映就业需求,图文并茂,结合有声文件,提高教学效果。

**(3)终身发展**

生态思想的重要特性之一是动态性,商务英语翻译教学中应将学生的学习视为一种动态的过程,教学中不能只着眼于当下,而应该充分关注学生终身发展的需求。本微课提供基于学生就业岗位需求的学习情景,重视基本的适用度较高的理论的传授,传授有利于学生长期发展的 PWP 过程式教学模式,提高学生对反思和总结的重视,将基本的思维品质、职业素养、道德品质融入教学中。

本微课中选择了基于学生就业岗位需求的学习情景,根据授课班级学生培养方向和未来就业岗位情况,设计了商务助力未来工作可能遇到的工作任务,这种设计有利于实现学生从学校到工作的零过渡。虽然微课的主题选择是实用性非常强的"菜名的翻译",但在教学过程中渗入了目的论和翻译的基本技巧,保证学生后续提升能力的理论需求。教学中引入自创的 PWP 教学法,学生接到楼外楼临时译员的任务前,可以做相应的资料查找等准备工作,这种准备工作将在日后工作中体现为学生基本的职业素养和责任心;译中阶段避免盲目刻板地照本宣科,而是指导学生以译员的主体身份思考如何进行选择和适应,这种思维能力和决策能力将是学生日后完成翻译任务的重要能力;译后阶段要求学生反思和总结菜名翻译学习和实践中的经验和体会,养成这种反思和总结的思维习惯,将会帮助学生今后迅速成长为译员或综合型的商务人才。此外本微课的实训环节采用让外籍人士看译文,根据外籍人士的反映来评判译文的方式,通过这种形式让学生对翻译的标准中"读者反应"的重要性有了更深的认识,这种活动为学生日后的翻译实践提供了新借鉴,一方面借助外籍人士力量可以从某种程度上提高译文的质量,另一方面评判译文成功与否可以参考目标读者的反应。最后翻译教师还为学生提供课后学习的平行文本、词汇列表等相关资料。通过以上的设计,商务英语翻译教师无须在课堂内强调学生的发展、译者的责任心或者某个翻译理论,通过精心的设计可体现出对学生职业技能、理论水平、思维品质、自主学习的重视,体现了终身学习的自我发展观。

## 5.3.2　设计环节分析

**环节一:教学导入**

在设计"菜名的翻译"这一微课时,导入部分的环节需以较短的时间吸引学习者,尽快地将学习者带入菜名翻译的情境之中。为了满足这一目的,本微课设计时选择了情景短剧的形式。短剧讲述了班级一名同学在未来的工作中临时陪同领导去杭州楼外楼宴请重要的外国客户,需帮助翻译,但是译到"龙井虾仁"这一菜名时这名同学不知道怎么译了。本微课以这种短剧的形式直接引出下一环节"翻译的技巧"。短剧中使用了我校"仿真英语实训室"的试验设备创造仿真的学习情景:菜的模型、餐具、台签、中式餐桌椅。短剧的人物选择了班级中两名比较活跃的同学和一位外籍人士。在外籍人士的选择中,比较理想的情况是这位外籍人士以英语为母语,但不懂中文,对中国文化的了解程度一般。这个部分的设计关注到了几个要点:一是"入境",即为吸引学习者尽快进入学习状态,引起学习者的兴趣;二是"处境",即为翻译技巧的讲解创设仿真的生态环境,让本短剧成为全微课的线索。

**环节二:翻译技巧**

紧接着第一个环节中的情景导入,本微课的第二个环节是翻译技巧。这个部分从情景导入中的问题"如何翻译龙井虾仁"着手,进行翻译技巧的讲解。借助第一环节的情景短剧,本环节在"龙井虾仁"的翻译过程中,翻译学习者需要考虑的就不仅仅是文本层面的内容了,而应该把文本放在具体的翻译生态下来观察。"龙井虾仁"是译员在杭州楼外楼餐厅陪同领导宴请重要的外国客人时需要即兴翻译的。

翻译技巧部分重视翻译的过程性,因此用本章前面部分提及的 PWP 的模式指导学生的翻译实践,将翻译的过程分为译前(Pre-translating)、译中(While-translating)和译后(Post-translating)这些阶段(见表 5-1)。

表 5-1　PWP 模式下的微课技巧讲解环节

| 阶段 | 具体流程 | 本翻译任务建议做法 |
|---|---|---|
| 译前<br>Pre-translating | 译前准备:查找资料、平行文本等<br>任务分析:为谁译? 为何译? | 译前:提前对楼外楼的菜名和背景知识进行电话咨询、网络搜索或实地考察;收集与菜名翻译相关的书籍、资料、规范文件、常见词汇列表、平行文本等<br>任务分析:"龙井虾仁"的菜名是为领导的重要客户而译的;目的是向客户提供菜的信息,引起客户的兴趣 |
| 译中<br>While-translating | 阅读理解:理解文本<br>语言转换:利用翻译理论、翻译技巧、翻译方法或计算机技术进行语言转换<br>修改润色:根据翻译的标准进行修改润色;排版交稿 | 阅读理解:龙井虾仁的意思为"龙井茶叶和虾仁做成的一道菜"<br>语言转换:直接将菜名的字面译出即可向客户提供相关的信息 |
| 译后<br>Post-translating | 总结反思:技巧和经验总结、错误反思、翻译词汇总结等 | 总结翻译菜名的流程、相关词汇和资料 |

本微课重点讲解译中的部分。菜名的翻译的译中阶段涉及的信息量比较大,如菜名相关的翻译技巧(如直译、意译、音译和注释)、中式菜名翻译常见的烹调法常见词汇、常见的加工法词汇。在译中教学中,教师暂时只讲直译的方法,其他的翻译方法在翻译实训中通过错误和问题慢慢引出。作者在2008 年编写的针对高职高专的教材中,为学习者总结了直译的公式,将直译的难点和重点融入公式中,便于学习者操作(见表 5-2)。

表 5-2 中式菜名直译参考公式

| 组成部分菜名 | 烹调法 | 加工法 | 材料 | 佐料 |
|---|---|---|---|---|
| | stir-fried 炒 steamed 蒸 boiled 煮 …… | diced 丁 minced 泥 shelled 去壳 …… | A A and B(等量) A with B(辅料) …… | brown sauce 红烧 tomato sauce 茄汁 …… |
| 龙井虾仁 | / | shelled | Shrimps with Dragon Well Tea | |
| 番茄炒蛋 | Stir-fried | / | Eggs with Tomatoes | / |

**环节三：翻译实训**

本微课的第三个环节是翻译实训部分,本部分旨在巩固学习者前一阶段的学习,并在实训过程中增加学习者根据翻译生态进行选择和适应的能力。本部分的商务英语翻译实训与普通意义的实训不同。经过教师的设计,本部分将竞赛、娱乐与翻译实训结合,翻译情景与实训结合,合作学习与项目实训结合。本部分还将生态翻译理论中"事前预防"和"事后追惩"概念融入本部分中。

本部分从导入部分的情景入手,目标读者为导入部分的外籍人士。学生按照5—6人组成一组进行小组实训,教师安排每组同学翻译几道菜,以此引导学生根据具体的情景,以译者的身份进行选择和适应。实训的最后一步是请每组同学向外籍人士展示自己的英语译文,让不知情的外籍人士根据给定的 PPT 屏幕上的图片猜这一小组译的是什么菜。如果外籍人士猜对了,说明译文基本达到了预期效果。可以想见,如果外籍人士猜错,这一组的译文肯定是存在问题的。本微课通过这种兼带娱乐和竞赛的方式,将生态翻译理论中的"事后追惩"融入教学过程中。这种方式优点在于,通过再现仿真的翻译生态,直观地让学生感受到"原文—译者—译文—读者"在翻译生态是否和谐。这种直观的感受能够促使学生在下一次进行翻译实践时做好"事前预防"。

**环节四：专家论道**

商务英语翻译教学中,教师和学生进行某个专题的学习和实践的时间常常只有几个学时,本微课的学习仅 20 分钟,因此在微课中专业译者的经验之谈显得尤为珍贵。设计中在第四环节安排了专家论道,授课教师采集了两位教师的谈菜名翻译经验的视频,一位是人民银行杭州中心支行的副译审厉义老师,另外一位是杭州海外旅行社的高级涉外导游戴熊萍老师,两位老师都已经从事涉外工作多年。

在最后编辑时,由于时间有限,仅保留了厉义老师的视频。厉义老师建议在翻译菜名时注意菜名的翻译和文化相结合,例如翻译龙井虾仁这道西湖名菜时,应该用注解的方式把这道菜的故事也解释一下。另外厉老师还从读者和听众心理的角度出发,建议在翻译时可以向听众解释"龙井茶是西湖特有的,有特殊的香味,是别处喝不到的"。这些建议浓缩在短短20分钟的微课内,利用多媒体技术,跨越时空,将译员多年积累的综合性的翻译经验展示给学习者。这个部分可以被视为讲授的一部分,也可以被视作翻译生态中,供学习者模仿的行为,为下一环节学习者进行反思总结行为提供示范。

**环节五：总结反思**

本微课第五个环节设计了总结和反思。许建忠教授(2009)在论述翻译生态环境时对翻译行为进行了一定的论述,他将翻译行为分为五类,其中第四类为"自我评价、反思反省的行为"。教师和学生在教学过程中要不断对自己的行为进行反思和自我评价,对翻译实践和教学实践进行反复思考以期取得最佳的教学效果。"菜名的翻译"微课中,教师在前四个教学环节的基础上,引导每名同学独立采用笔头(Journal Writing)的形式对本课的学习和实践进行总结,并注意语言的精简性。在此基础上,让同学分享自己的总结,教师也以教师、翻译实践者、翻译学习者的多重身份,对本课的学习进行总结和反思。

**环节六：拓展资源**

为了保证学习者具有丰富的拓展资源进行必要的自主学习,微课以"商务英语翻译"课程为平台,提供了常见词汇、平行文本、背景知识、图书资料、规范性文件等一系列的拓展资料(见表5-3)。这些拓展资料不仅能供学习者自主学习,同时也能为学习者自主学习其他商务英语文本的翻译提供策略性的指导,学习者将会逐渐发现哪些类别的拓展资料对自己的学习比较有帮助,有心的学习者也会逐渐思考如何获取这些资料。从生态的角度考虑,这种拓展资源的构架向学习者展示了如何从翻译生态中获取有利的信息,辅助商务英语翻译学习,对学习者的长期发展大有好处的。例如,列表中的第八项,《美食译苑——中文菜单英文译法》是 2019 年由北京市人民政府外事办公室与北京市民讲外语组委会办公室共同颁布的规范性文件,属于翻译业内的法律法规性文件。从事商务英语翻译的译者和商务英语学习者应该以动态的眼光,及时跟踪和关注此类文件,这体现了译者的职业素养和职业精神,也是译者长期发展中必不可少的一种素养。

表 5-3　微课拓展资源表

| 序号 | 拓展资料名称 | 拓展资料性质 |
|---|---|---|
| 1 | 中式菜名翻译常见的加工法词汇列表 | 词汇 |
| 2 | 中式菜名翻译常见的烹调法词汇列表 | 词汇 |
| 3 | 中式菜名翻译直译法参考公式 | 技巧 |
| 4 | 英国朴茨茅斯中餐厅英语菜谱 | 平行文本 |
| 5 | 英国曼彻斯特中国城中餐厅英语菜谱 | 平行文本 |
| 6 | 杭州楼外楼饭店实地收集的菜名翻译和相关背景知识图片 | 平行文本、背景知识 |
| 7 | 杭帮菜博物馆餐饮展品及中英文说明图片 | 平行文本、背景知识 |
| 8 | 中华老字号餐饮指南(中英对照) | 资料 |
| 9 | 美食译苑——中文菜单英文译法(北京市人民政府外事办公室与北京市民讲外语组委会办公室共同颁布) | 餐饮规范性文件 |

# 5.4　"互联网＋"背景下学习者译后编译策略研究

随着神经网络和大数据技术的发展,近年来机器翻译技术也显著提高。由于在线机器翻译的便捷性,译者往往借助在线机器翻译对文本进行预处理。因为机器翻译技术自身的局限性,译员需要对机器翻译的译文进行后期人工编辑处理,以提高翻译文本的质量,从而形成最终译文。这种译者后期处理机器翻译的方式是机器翻译的译后编辑(Machine Translation Post-editing or Postediting of Machine Translation)。本节基于纽马克翻译理论,综述机器翻译错译类型,以浙江"八八战略"文本谷歌英译为例,探讨译者在文本层面、所指层面、衔接层面、自然层面的编译策略,以期促进机器翻译和译后编辑的人机合作,提高机器翻译文档的质量和翻译工作效率,提供专业的语言服务。

## 5.4.1　译后编辑概述

随着机器翻译的研究与开发、译后编辑的行业需求以及全球语言服务行业和翻译教育界对译后编辑的密切关注,译后编辑在国内外机器翻译和翻译研究领域引起高度重视(冯全功、崔启亮,2016:67-68)。产生译后编辑行业需求的原因主要有二:一是全球化与本地化的蓬勃发展导致机器翻译的需求量增大,而人工翻译的效率和所需费用远远不能满足要求;二是对翻译文种类型和质量需求的变化(Allen,2003)。

简而言之,译后编辑(Post-editing or Postediting,略为PE)是检查和修正机器翻译的输出(to Check and Correct Machine Translation Output)(ISO,2017)。译后编辑包括两方面,一是狭义的译后编辑,我们常称为"机器翻译的译后编辑",也就是说对机器翻译得到的译文直接进行译后编辑;二是广义的译后编辑,或者称为"集成翻译的译后编辑",也就是说以"翻译记忆"技术为核心的计算机辅助翻译(Computer Aided Translation)、机器翻译(Machine Translation)和翻译管理系统(Translation Management System)所组成的集成翻译环境(Integrated Translation Environment)生成的译文进行译后编辑(崔启亮,2014:69)。

译后编辑在翻译译文的语言或格式方面,对机器翻译的原始产出,即初始译文进行加工与修改来提高机器翻译产出的准确性与可读性(冯全功、崔启亮,2016:67)。一般译后编辑的输出分为两种类型:快速译后编辑(Light Post-editing)和完全译后编辑(Full Post-editing)。前者重点在于修改机器翻译的原始产出的错译、文化差异、句式结构;而后者则是修改语法、标点、专业术语、拼写、文化差异、译文风格(ISO,2017)。其修改加工的程度由客户报价、客户需求、翻译目的、文档类型、机译产出质量、文档使用期限等多种因素决定(冯全功、张慧玉,2015:66)。近年来,机器翻译与译后编辑都取得了一定的发展,提升了机器翻译的译文质量和翻译效率。而如何在翻译领域充分发挥人机交互的优势也逐渐成为翻译研究、翻译实践和语言服务行业关注的热点问题。

## 5.4.2  译后编辑实践研究现状

为了提高译后编辑译文质量和工作效率,从而获得语义准确、信息充分的译文,译者需要识别机器翻译输出的错误。针对译后编辑中错误特征类型进行总结分析,将对翻译实践具有指导作用。为了量化分析国内机器翻译错误类型研究,笔者在中国知网上用"机器翻译"和"错误类型"两个关键词进行主题、关键词搜索,获取 1980 年到 2019 年的相关学术论文共计 104 篇。通过阅读文章的提纲、摘要、正文,提取梳理错译类型,对错误类型进行分类,并进行频次统计(见图 5-8)。从图中的错误类型统计中可以看出,词汇层面错误有词义、术语、词性、漏译、缩写等问题,其中词义和术语错误使用频次最高;从句法层面来看,错误包含语序、结构、从句、语态、不定式等,其中语序和结构问题频次最高;此外,其他层面来看,存在语法、语境、逻辑、风格等问题,其中语法和语境问题频次最高,由于语法问题可能是词汇层面,也可能是句法层面,因此将语法归类为其他。

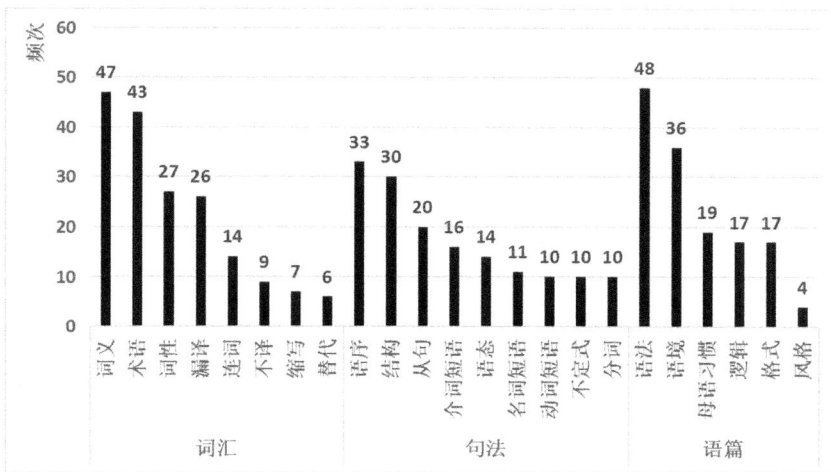

**图 5-8  机器翻译错误类型统计柱状图**

从定性的角度来看,国内学者对机器翻译输出的错误特征研究主要分为几类:第一,根据语言单位分类。如在译后编辑的自动化研究中(李梅、朱锡明,2013:202),通过大规模机器译文和人工译文的对比归纳分类和数据分析,把机器翻译典型错误分为词法、句法、其他三大类。第二,检查清单式分类。崔启亮(2014)认为译后编辑应该注意语法、词法、句法、术语、格式、文本风格、标点、数字、增译和漏译、歧义、文化冲突等。通过译后编辑的工作原理和机器翻译案例分析,将机器翻译错误分为11种:过译、欠译、术语翻译错误、形式错误、格式错误、多译和漏译、冗余、词性判断错误、从句翻译错误、短语顺序错误、受英语句子结构的束缚(崔启亮、李闻,2015:20-22)。以上分类有基于语言单位、工作原理和案例的分类,但尚无从翻译过程理论角度对机器翻译错误类型进行分析,因此本文将结合翻译过程相关理论,以浙江"八八战略"文本英译为例,对机器翻译错误类型进行分析。

英国翻译家彼得·纽马克的翻译理论呈现在其代表作《翻译教程》(*A Textbook of Translation*)中,第三章"翻译过程"(The Process of Translating)详细分析了从选择翻译方法、理解表达到修改的具体过程。其中,理解表达是翻译的重点工作,译者主要在四个层面对译文负责:第一,文本层面(Textual Level)是指源语言到目标语言在文字意义上的转换。翻译时不能脱离原文(袁毅,2008:73)。第二,所指层面(Referential Level)是将源文本的事物内容具象化,忠于原文对现实世界的所指,是译者对原文所指意义的把握(张春柏,2003:25)。第三,衔接层面(Cohesive Level)把握译文风格和意蕴感情,在思路、语调、情感上与源文本衔接。其遵循文本的结构和情感,结构上通过连接词(包括连接词、枚举、重复、定冠词、概括词、同义词、标点符号)来衔接;情感则可以表现为积极与消极、感性与中性之间的辩证关系。第四,自然层面(Natural Level)是自然地表达源语言之义、符合母语习惯(Newmark,1988:22-29)。

本研究综述中机器翻译错误类型提供了译文可以搜索、比照的列表,这些词汇、句法、格式等方面的机器翻译错误太过于微观。本文基于纽马克的理论,以译者的翻译过程为出发点,通过梳理将机器翻译错误纳入译者表达过程中需要负责的四个层面,即文本层面、所指层面、衔接层面和自然层面(见表5-4)。

表 5-4　机器翻译错误类型

| 文本层面 | 所指层面 | 衔接层面 | 自然层面 |
|---|---|---|---|
| 漏译、不译、格式、符号、缩写 | 词义、词性、术语、短语、不定式、分词 | 语境、替代、修辞、增译、文化背景、文体风格 | 语法、语态、语序、从句、逻辑、句式、句子结构、母语习惯 |

## 5.4.3　学习者译后编译策略研究

### (1) 文本层面

第一,注意词汇,检查漏译。

漏译是指因系统原因遗漏源文本中含有的语意。主要有两个原因:一是专业术语在机器翻译的语料库中没有收录;二是源文本出现拼写错误导致机器无法识别(罗季美,2012:87)。无论何种原因,漏译这种翻译失误未体现对原文的尊重。严复先生提出的翻译标准"信、达、雅",以"信"为首。"信",要求忠实于原文。若失"信",何谈"达""雅"呢?译后编辑时,译者要杜绝这种漏译的失误,提高译文忠实度和准确度,保证翻译质量。

例1:进一步发挥浙江的人文优势,积极推进科教兴省、人才强省,加快建设文化大省。

谷歌:Further exerting the humanistic advantages of Zhejiang,actively promoting the development of science and education,strengthening the province of talents and accelerating the construction of a major cultural province.

修改:We will further exert the humanistic advantages of Zhejiang to vigorously promote the development of education,science and technology to prosper the province,strengthen it with talented people,and speed up the process of building it into a major cultural province.

上例中,"科教"和"兴省"都是第一次出现,因此不能漏译。"科教"是指教育和"科技",而不是教育和"科学"。由于机器翻译的逐字直译而遗漏了"技术",应改译为 education,science and technology。"兴省"从逻辑来看主要靠科技,而不是纯科学,当然后者也非常重要,应将科技 science and technology 补译出来。

第二,冗余信息,注意处理。

冗余信息是英汉语言修辞中常见的一种手法,其表现方式是词汇的重复,如同一词语、同义词或近义词、同一事物的不同表达等。冗余信息可以删去或者替代,以减少累赘啰嗦的重复信息,精简译文。

例 2:进一步发挥浙江的生态优势,创建生态省,打造"绿色浙江"。

谷歌:Further develop the ecological advantages of Zhejiang to create an ecological province and create a "Green Zhejiang".

修改:We will further develop Zhejiang's ecological advantages to create an ecological province and build a "Green Zhejiang".

在译后编辑时,译者通常会对冗余信息做增补处理。本例中,谷歌对"创建"和"打造"都译为"create",为了避免重复赘余,笔者将第二个"create"换成"build",使译文语言更加精简通顺,冗余适度,保证有效信息的表达。这种冗余信息经常在机器翻译译文中出现,包括人名、地名以及其他不必要的句子。冗余信息在一定程度上有利于语言的构建和表达,译者需要保持译文的简洁和客观之间的平衡,不可一味求简而大量删除冗余信息。

**(2)所指层面**

第一,词义选择,切合语境。

彼得·纽马克在《翻译教程》中指出译者在翻译时需尽一切可能将自己置身于源语的特殊意义中。(You have to force yourself back,in as far as the relationship can stand it,into the particularities of the source language meaning.)也就是说,需要根据具体翻译语境确定原文的意义,调整表达和措辞。翻译语境是译者在翻译过程中构建起来的两种语言文化相关主客观因素互动的总和(彭利元,2008:35-36)。翻译语境的构建由原文理解过程和译文表达过程两部分构成,前者是从文本到语境的追溯探求过程,后者是从语境到文本的建构表述过程。因此,译者作为核心,在翻译过程中,往往需要追溯原文语境(作者)和预测译文语境(读者),即结合上下文语境来发掘言外之意,正确客观地理解表述原文。

例 3:进一步发挥浙江的体制机制优势,大力推动以公有制为主体的多种所有制经济共同发展,不断完善社会主义市场经济体制。

谷歌：Further exerting <u>the advantages of Zhejiang's system and mechanism</u>, vigorously promoting the common development of multi-ownership economy with public ownership as the mainstay, and constantly improving the socialist market economic system.

修改：We will further exert <u>the institutional and mechanismic advantages of Zhejiang</u> to vigorously promote the common development of diversified ownership economies with the public ownerships as the main body and constantly improve the socialist market economic system.

"体制"一词用形容词 institutional 作定语，转换了词性，而未采用谷歌的"system"，原因有三：①定义上：system 和 institution 均可理解为"制度、体制"，但二者在词义上存在差异。system 有系统、体制、体系、秩序、方法等含义，其基本义为"系统、体制"，指社会的规则或者理念体系；而 institution 有公共机构、学院的意思，其基本义为"机构"，也指"既定的法律、习惯、传统"，当表示后者时，常译为"体制"。一般来说，system 侧重于宏观、有关社会整体或抽象概念的制度体系，institution 则是相对微观、具体的制度（李秀萍，2006：16）。②先入为主：在世行贷款项目翻译中，涉及"体制"改革的译文为 institutional reform。需要说明的是，西方经济学中的制度都用 institution，而不用 system，如"制度经济学"为 institutional economies。在 COCA 语料库中，institutional reform 的词频是 97，而 system reform 为 51，对比发现，前者使用更广泛。③参考十八大报告中"机制体制"的翻译："加快完善城乡发展一体<u>化体制机制</u>"译为 We should speed up improvements to <u>institutions and mechanisms</u> for promoting integrated urban and rural development.

例 4：进一步发挥浙江的<u>环境优势</u>，积极推进基础设施建设，切实加强法治建设、信用建设和机关效能建设。

谷歌：Further exerting Zhejiang's <u>environmental advantages</u>, actively promoting infrastructure construction, and earnestly strengthening the rule of law construction, credit construction, and institutional efficiency construction.

修改：We will leverage Zhejiang's <u>soft and hard environment advantages</u> to energetically promote infrastructure development, and effectively strengthen the rule by law, integrity and institutional efficiency.

"environmental"在《剑桥英语词典》(*Cambridge English Dictionary*)中，是指"自然环境的、与环境有关的"(relating to the environment)，而中文里的"环境"一词实际上已经不单是自然环境，还包括软环境和硬环境，如政治政策、体制机制、投资融资等方面，是一种综合的概念。从这一点上来说，"环境"前面需要加上定语，否则，笔者只能默认为自然环境。并且根据正文描述，译者也可以推断出"环境"不仅仅是自然环境。因此，最终译文可增译为 soft and hard environment，即软硬环境。

第二，专业术语，严谨核查。

机器翻译对特定领域的专业术语的识别上存在一定的缺陷，这会导致专业术语译文的翻译错译（包括人名和专业性术语）。译者在译后编辑时需要特别注意对专业术语的检查，包括大小写、冠词和名词单复数等。译者在正确理解原文内涵的基础上，灵活处理和加工译文。专业术语运用是否准确在一定程度上体现了译文的准确性。

例5：八八战略

谷歌：Eighth strategy

修改：Double-Eight Strategies

"八八战略"是指浙江发展的八个优势和浙江面对未来发展的八项举措。"八八战略"中的两个"八"，含义各不相同。第一个"八"，所指的"八个优势"，并非单纯指已经体现出来的优势，而是按照科学发展观的要求，结合实际做出的总体把握，体现了继承和创新的统一。第二个"八"，是指八个方面的举措，是针对进一步发挥、培育和转化优势提出的。谷歌译文没有表达清楚，直译为"Eighth strategy"。译后编辑时译者必须改为政府官方准确的专有名称。"名从主人"是指专名翻译按事物原本所称为名，它是翻译专业术语（人名、地名等）时所遵守的基本原则之一（张廷琛，1981：40）。"八八战略"作为浙江省特色的专有名词，在浙江省人民政府官网上，官方给出了译文"Double-Eight Strategies"。对于这类中国特色政治专有名词，译者要特别注意，理解其内涵，纠正错误译文，不可以含糊处理。

### (3) 衔接层面

第一，词汇替代，清晰准确。

著名语言学家 Halliday 和 Hason 在其代表作《英语的衔接》(*Cohesion in English*)中提出了语篇衔接(Cohesion)这一概念,包括指代(*Reference*)、替代(*Substitution*)、省略(*Ellipsis*)、连接(*Conjunction*)和词汇衔接(*Lexical Cohesion*)五种。其中,替代是指通过语言替代形式替代上下文语篇中的某一成分(*Halliday*、*Hason*,1976:88)。

例 6:进一步发挥浙江的人文优势,积极推进科教兴<u>省</u>、人才强<u>省</u>,加快建设文化大省。

谷歌:Further exerting the humanistic advantages of Zhejiang, actively promoting the development of science and education, strengthening <u>the province</u> of talents and accelerating the construction of a major cultural province.

修改:We will further exert the humanistic advantages of Zhejiang to vigorously promote the development of education, science and technology to prosper <u>the province</u>, strengthen <u>it</u> with talented people, and speed up the process of building <u>it</u> into a major cultural province.

在词汇替代方面,机器翻译目前不能对这方面做灵活处理。谷歌翻译将源文本中"科教兴省、人才强省、文化大省"中多次出现的"省"译为"the province",显得重复啰唆,没有达到"信、达、雅"的翻译要求。而用代词"it"来替代多次出现的"province",使上下文更加连贯、自然。为了准确表述原文,译者在充分理解源文本内涵的基础上,结合语境,以避免重复,对原文中多次出现的概念(多为名词)做替代处理,实现英汉语篇的衔接和连贯。这类词汇替代在政治文本中很常见,比如《2019 年美国国情咨文》(*2019 State of the Union Address*)中,表示"美国"的用词频率分别为 country13 次、America11 次、nation8 次、United States7 次、state2 次。

第二,句子类型,恰当选择。

根据交际目的,英语句子可以分为四种类型:陈述句、疑问句、祈使句和感叹句。陈述句主要用来陈述经过或事实,提供信息和背景。疑问句用来提出问题和询问情况。祈使句用来提出建议、命令或要求。感叹句表达强烈情绪或情感。由于汉语和英语的表达习惯有所不同,应根据交际意图选择合适的句型进行翻译。

例 7:进一步发挥浙江的体制机制优势,大力推动以公有制为主体的多种所有制经济共同发展,不断完善社会主义市场经济体制。

谷歌:Further exerting the advantages of Zhejiang's system and mechanism to vigorously promoting the common development of the multi-ownership economy with the public ownerships as the mainstay and constantly improving the socialist market economic system.

修改:Further exert the institutional and mechanismic advantages of Zhejiang to vigorously promote the common development of diversified ownership economies with the public ownerships as the main body and constantly improve the socialist market economic system.

"进一步发挥"是"八八战略"的排比句式,因此,笔者从全文风格统一的角度,采用陈述句形式,而不是谷歌的动名词句式。在政府工作报告中常常使用陈述句,如十八大报告中,"必须坚持发展是硬道理的战略思想,决不能有丝毫动摇"译为 We must unwaveringly adhere to the strategic thinking that only development counts.

第三,文体风格,讲究对等。

机器翻译对语篇的衔接层面的能力还比较弱,不能考虑译文的连贯性和逻辑性。相较于前期对机器翻译错误类型的研究,机器翻译对译文文体风格的敏感度不高,如上下文语境的连贯性、逻辑的合理梳理、文体风格和意蕴的把握等,都没有处理好源文本和译文之间的平衡。

例 8:进一步发挥浙江的环境优势,积极推进基础设施建设,切实加强法治建设、信用建设和机关效能建设。

谷歌:Further exerting Zhejiang's environmental advantages, actively promoting infrastructure construction, and earnestly strengthening the rule of law construction, credit construction, and institutional efficiency construction.

修改:We will leverage Zhejiang's soft and hard environment advantages to energetically promote infrastructure development, and effectively strengthen the rule by law, integrity and institutional efficiency.

浙江"八八战略"属于政论文,用词准确、规范、严谨。谷歌翻译将"切实加强"的"切实"译为"earnestly",而通过 COCA 语料库查询,发现该词在小说、杂志中使用较多,在新闻、学术领域的使用频率不高。而"effectively"在学术、杂志文本中的使用频率较高(见图5-9)。因此,由于机器翻译对译文的文体风格、情感基调的把握能力尚未成熟,译者在译后编辑过程中要特别关注这类词,并且运用语料库工具仔细查证,使译文富有针对性和连贯性。

| SECTION (CLICK FOR SUB-SECTIONS) (SEE ALL SECTIONS AT ONCE) | FREQ | SIZE (M) | PER MIL | CLICK FOR CONTEXT (SEE ALL) |
|---|---|---|---|---|
| SPOKEN | 32 | 116.7 | 0.27 | |
| FICTION | 423 | 111.8 | 3.78 | |
| MAGAZINE | 202 | 117.4 | 1.72 | |
| NEWSPAPER | 125 | 113.0 | 1.11 | |
| ACADEMIC | 99 | 111.4 | 0.89 | |
| 1990-1994 | 223 | 104.0 | 2.14 | |
| 1995-1999 | 174 | 103.4 | 1.68 | |
| 2000-2004 | 133 | 102.9 | 1.29 | |
| 2005-2009 | 138 | 102.0 | 1.35 | |
| 2010-2014 | 134 | 102.9 | 1.30 | |
| 2015-2017 | 79 | 62.3 | 1.27 | |
| TOTAL | 881 | | | SEE ALL TOKENS |

| SECTION (CLICK FOR SUB-SECTIONS) (SEE ALL SECTIONS AT ONCE) | FREQ | SIZE (M) | PER MIL | CLICK FOR CONTEXT (SEE ALL) |
|---|---|---|---|---|
| SPOKEN | 2,421 | 116.7 | 20.74 | |
| FICTION | 613 | 111.8 | 5.48 | |
| MAGAZINE | 4,050 | 117.4 | 34.51 | |
| NEWSPAPER | 2,728 | 113.0 | 24.14 | |
| ACADEMIC | 9,422 | 111.4 | 84.57 | |
| 1990-1994 | 3,598 | 104.0 | 34.60 | |
| 1995-1999 | 3,242 | 103.4 | 31.34 | |
| 2000-2004 | 3,298 | 102.9 | 32.04 | |
| 2005-2009 | 3,387 | 102.0 | 33.19 | |
| 2010-2014 | 3,570 | 102.9 | 34.69 | |
| 2015-2017 | 2,139 | 62.3 | 34.33 | |
| TOTAL | 19,234 | | | SEE ALL TOKENS |

**图 5-9　earnestly 和 effectively 在 COCA 语料库中的文体使用频率对比**

第四,文化背景,准确理解。

语言是文化的载体。由于英汉两种不同的语言在时代背景、民族文化、思维方式、价值观上都大不相同,译者需要在理解源文本当下文化背景的前提下进行翻译修改处理,使译文符合时代文化背景。

例9:进一步发挥浙江的体制机制优势,大力推动以公有制为主体的多种所有制经济共同发展,不断完善社会主义市场经济体制。

有道:Give further play to the institutional and mechanismic advantages of Zhejiang, to vigorously promote the common development of diversified ownership economies dominated by public ownership, and constantly improve the socialist market economic system.

修改:Further exert the institutional and mechanismic advantages of

Zhejiang to vigorously promote the common development of diversified ownership economies <u>with the public ownerships as the main body</u> and constantly improve the socialist market economic system.

不采用 dominated by 的译法的理由：一是 COCA 语料库数据显示，dominate 涉及的主语或者宾语大多为 state、country、market、business、government、party、administration、world、power，感情色彩浓烈，偏强霸意味。二是中国是社会主义市场经济国家，此译法更显得浙江经济及至全国经济不是市场经济，难怪有的西方国家不同意给予中国市场经济地位，而用 main body 则显得不那么过于强势。15 年前提出的战略，或许需要重新审视。笔者认为目前大规模宣传的"八八战略"，或许也是需要与时俱进的。

"国有经济为主体"这一说法可能需要适当的修正，因为与浙江事实不符。浙江的经济活力在于个私经济，其形成的历史原因是国家没有在浙江进行大量的投资。浙江省统计局数据显示：15 年来，浙江国有经济保持稳定，个私经济显著提升，其他经济共同发展。非公经济占比从 2002 年的 61.3% 提高到74.9%。其中，民营经济是浙江经济的最大特色优势。2017 年，民营经济创造增加值近 3.4 万亿元，约占 GDP 的 65.2%，对浙江经济的发展起着举足轻重的作用。这说明在 15 年前，非公经济已经占了大半，迄今为止，非公经济已占四分之三，从量化的角度看，国有经济为主体，在浙江应当是不客观的。

**（4）自然层面**

第一，语法错误，细致检查。

● **冠词**

例 10：城乡一体化

有道：urban-rural integration.

修改：the urban-rural integration.

抽象名词前加上定冠词表现出抽象名词的特指具体性质和特定范围。城乡一体化作为特别的名词短语，应该在前面加上特指的限定词 the。而有道译文中缺少冠词，没有特别强调出这一名词短语，从中体现出机器翻译在英语语法方面存在一定的局限性。

● **名词单复数**

例 11：制造业<u>基地</u>

有道：manufacturing <u>base</u>

修改：manufacturing <u>bases</u>

有道译文中"基地"为单数，笔者将它修改为复数。因为这里将浙江作为一个大基地，但因为是块状产业，block 可数，所以不同产业的基地也可数。

● **语序顺序，符合母语习惯**

机器翻译对句子语序的排列顺序相对死板，往往按照源文本顺序依次翻译，而译者在这方面的处理较为灵活，根据内部逻辑语法关系和母语习惯进行相应合理准确的调整，对复杂的句型进行切分和断句处理。

例 12：*城乡经济社会发展*

有道：<u>urban and rural</u> economic and social development

修改：the economic and social development <u>in urban and rural areas</u>

有道译文是机器翻译按照原句顺序直译的结果，将"城乡"和"经济社会"作为"发展"的修饰定语。机器译文对"城乡"的序位处理不符合英文的行文习惯，笔者将"in urban and rural areas"放在"development"之后作地点状语，这样行文更加流畅。英文语序相对于汉语较为灵活，需要将汉语中时间的先后顺序进行调整，以符合英语的行文习惯。在 COCA 语料库中，分别查询 urban and rural 和 rural and urban 的使用频次，分别是 507 次和 398 次，因此，选用 urban and rural 的译文更符合英文的语言习惯（见图 5-10）。

**图 5-10　urban and rural 和 rural and urban 在 COCA 语料库中的词序频次对比**

第二，句子逻辑，合理梳理。

汉语注重意合，句子之间常常靠内部的逻辑关系联系在一起，即"形散而神聚"。而英语是形合语言，句与句之间往往靠各种语言形式紧密结合。不管是英语还是汉语，都讲究逻辑关系。汉语的逻辑关系往往通过语序来表现，而英语的逻辑关系由外在层次体现。

例 13：进一步发挥浙江的<u>环境优势</u>，积极推进基础设施建设，切实加强法治建设、信用建设和机关效能建设。

谷歌：Further exerting Zhejiang's <u>environmental advantages</u>, actively promoting infrastructure construction, and earnestly strengthening the rule of law, construction credit and institutional efficiency.

修改：We will leverage Zhejiang's soft and hard environment advantages to energetically promote infrastructure development, and effectively strengthen the rule by law, integrity and institutional efficiency.

本例中,谷歌只是逐字直译,导致译文句子逻辑混乱。译者在充分理解原文结构和逻辑,理清多个意群之间的关系后,再加以修改。"发挥……环境优势"与"推进基础设施建设"和"加强……建设"之间是递进关系,后两者之间是并列关系。机器翻译对较为复杂的句子进行处理时,往往因不能准确剖析原文内部逻辑而出现错译。

## 5.4.4　小结

翻译实践过程包括译前准备、翻译活动和译后校改。译后编辑在译中和译后过程均有涉及,是机器翻译和人工编辑的共同参与、人机合作的结果。本节以浙江"八八战略"文本的英译为例,重点总结分析了机器翻译在文本、所指、衔接、自然等层面常见错译类型并提出技巧和策略。在互联网信息发展迅速的现代世界,语言服务市场的需求逐渐扩大,机器翻译技术水平不断进步,机器翻译的速度远远快于人工翻译,大大降低了翻译时间和成本,但是机器翻译的质量却远不及人工翻译。如何通过译者的译后编辑来提高机器翻译文档的精确性和高效性,是译后编辑过程中值得进一步探讨与研究的话题。译者需要掌握一定的译后编辑技巧,运用英汉差异的翻译知识以及熟知机器翻译的常见错译种类,具有针对性地进行译文加工和润色,以精准高效地完成翻译工作。机器翻译和人工翻译的有机结合,有利于译者的译后编辑工作。在机器翻译的基础上,译者运用正确专业的翻译知识储备,认真辨别机器翻译错误,充分润色翻译文本,提高翻译工作的效率和质量。

## 5.5 服务"商务英语翻译"教学的旅游景点解说牌示语料库建设研究

### 5.5.1 研究现状

旅游景点解说牌示(Interpretive Panels)是以图文并茂的形式在旅游景点实地、全时段提供的与景点特征等相关的解说信息(Carter J,1997)。2014年中国已成为世界第四大入境旅游接待国(http://news.xinhuanet.com),旅游产业作为国民经济的三大产业之一,对国民经济发展发挥着重大作用。近年来国家鼓励大力拓展入境旅游市场,优化旅游发展环境,完善指引、旅游符号等标志设置。在这样的背景下,进行旅游景点解说牌示英译语言特征研究,对旅游景点解说牌示的英译文本质量提升、旅游产业发展和旅游城市国际化显得尤为重要。

目前国内已经有不少学者从两个方面对英语旅游文本语言特征进行研究。一是语际对比研究。学者(牛郁茜,2017:26;侯晋荣,2011:129;熊力游,2011:62)认为汉语用词华丽,大量使用形容词、数量词;句法上常用比喻句来强调意境美,多用陈述句、重复句和四言八句;语篇层面隐性衔接明显,重意韵而轻逻辑。而英语用词平易,准确明晰,语言朴实,通俗易懂,风格简约,注重写实。二是语内对比研究。有学者(侯晋荣,2011;肖庚生,2012;马彩梅、朱益平,2013;熊兵,2016;陈欣,2016)基于国内外的旅游网页等文本语料库开展研究,并指出英译旅游文本与英语原创旅游文本存在明显的语言特征差异。目前旅游文本研究多基于网站资料,缺乏基于相关语料库的景点解说牌示英译研究。有鉴于此,本文将基于自建的国内外著名景点解说牌示语料库,对旅游景点解说牌示英译文本的语言特征进行考察分析,以期对"商务英语翻译"教学提供启示。

## 5.5.2 语料描写

本文所涉及语料为笔者等于 2014 年至 2016 年通过实地采集,收集到国内典型旅游景点的英译解说牌示 120 篇,建成"国内旅游景点解说牌示英译文本语料库"(TECIPTSC,即 Translational English Corpus of Interpretive Panels of Tourist Spots in China),内容涉及地文景观、水域风光、生物景观、遗址遗迹、人文景观等(见表 5-5)。

**表 5-5 国内外旅游景点解说牌示语料主要来源表**

| 国内旅游景点解说牌示语料来源 | | | 国外旅游景点解说牌示语料来源 | | |
|---|---|---|---|---|---|
| 序号 | 城市 | 景点 | 序号 | 国家 | 景点 |
| 1 | 北京 | 长城 | 1 | 英国 | 奥斯本宫 |
| 2 | 北京 | 故宫 | 2 | 英国 | 罗梦湖 |
| 3 | 北京 | 颐和园 | 3 | 英国 | 莎翁故居 |
| 4 | 北京 | 天坛 | 4 | 英国 | 巨石阵 |
| 5 | 河南 | 龙门石窟 | 5 | 英国 | 皇家马场 |
| 6 | 新疆 | 坎儿井 | 6 | 英国 | 格林尼治天文台 |
| 7 | 丽江 | 走婚桥 | 7 | 英国 | 爱丁堡城堡 |
| 8 | 三亚 | 蜈支洲岛 | 8 | 英国 | 伦敦大火纪念碑 |
| 9 | 杭州 | 吴山天风 | 9 | 美国 | 金门大桥 |
| 10 | 杭州 | 西湖 | 10 | 美国 | 黄石公园 |
| 11 | 杭州 | 雷峰塔 | 11 | 美国 | 独立厅 |
| 12 | 杭州 | 西溪湿地公园 | 12 | 美国 | 美国独立国家历史公园 |
| 13 | 昆明 | 翠湖公园 | 13 | 美国 | 华尔街 1 号 |
| 14 | 厦门 | 郑成功雕像 | 14 | 美国 | 洛克菲勒中心 |
| 15 | 西安 | 莲花池 | 15 | 美国 | 大都会艺术博物馆 |
| 16 | 湖南 | 张家界 | 16 | 美国 | 自由女神像 |

为考察旅游景点解说牌示英译语言特征,我们还收集到英语国家旅游景点原创解说牌示 120 篇和国内旅游景点汉语解说牌示 120 篇(见表 5-5),并分

别建成"国外旅游景点解说牌示英语原创文本语料库"(ECIPTSA),即(English Corpus of Interpretive Panels of Tourist Spots Abroad)和"国内旅游景点解说牌示汉语原创文本语料库"(CCIPTSC,Chinese Corpus of Interpretive Panels of Tourist Spots in China)作为可比语料库。为保证语料的可比性,这三个语料库的取样框架基本一致,都覆盖了人文景观和自然景观,且均收入完整样本。其中 TECIPTSC 和 ECIPTSA 语料库库容分别为 18339 词和22110 词,大小相近,可比性较强。

## 5.5.3 旅游景点解说牌示英译语言特征考察

### (1)标准类符/形符比:词汇变化相对较小,词汇使用不如英语原创解说牌示丰富

标准类符/形符比通常是"衡量文本或作者的用词丰富程度的一个重要手段"(Baker,2000:250)。本研究使用 Wordsmith Tools 6.0 对 TECIPTSC和 ECIPTSA、CCIPTSC 类符/形符比进行统计,类比香港理工大学研制的旅游汉英/英汉文本语料库(BCTT)的旅游英语原创文本。结果显示(见表 5-6),从语际对比角度看,TECIPTSC 低于 CCIPTSC 的标准化类符/形符比(6.02);从语内类比角度看,TECIPTSC 的标准化类符/形符比低于ECIPTSA(3.29),但高于旅游英语原创文本(BCTT)(3.52)。也就是说,英译解说牌示中词汇的变化程度相对较低,使用的词汇没有英语原创解说牌示丰富。这很可能是因为 TECIPTSC 和 ECIPTSA 均为实地采集的牌示语料,而 BCTT 语料来源包含网页、书籍和宣传册等,文体形式和传播方式多样。

表 5-6 TECIPTSC、CCIPTSC、ECIPTSA 的标准类符/形符比

|  | 标准类符/形符比(STTR) |
| --- | --- |
| 旅游解说牌示英语翻译文本(TECIPTSC) | 42.77 |
| 旅游解说牌示汉语原创文本(CCIPTSC) | 48.79 |
| 旅游解说牌示原创英语文本(ECIPTSA) | 46.06 |
| 旅游英语原创文本(BCTT) | 39.25 |

**(2)平均词长：平均词长略短，用词难度和正式程度低于英语原创解说牌示**

平均词长是反映文本中所有单词所含的字母总数和形符总数的比，可反映文本的"正式程度和用词难度"（李得超，2015：89）。词长标准差则可反映单词长度在平均词长值上下浮动的程度。从基于 Wordsmith Tools 6.0 获取 TECIPTSC 和 ECIPTSA 数据（表 5-7）可知，TECIPTSC 的平均词长和词长标准差均略低于 ECIPTSA 平均词长（0.04）和词长标准差（0.02）；而 TECIPTSC 的平均词长也略低于 BCTT（0.04）。这说明国内旅游景点解说牌示英语翻译文本的用词难度和正式程度略微低于国外旅游景点解说牌示英语原创文本和旅游英语原创文本（BCTT）。

表 5-7　TECIPTSC、ECIPTSA 和 BCTT 语料库的平均词长、词长标准差比较

| | 平均词长 | 词长标准差 |
| --- | --- | --- |
| 国内旅游景点解说牌示英语翻译文本（TECIPTSC） | 4.82 | 2.56 |
| 国外旅游景点解说牌示英语原创文本（ECIPTSA） | 4.86 | 2.58 |
| 旅游英语原创文本（BCTT） | 4.86 | 2.50 |

**(3)高频词：文化差异意识略有不足，对目的语读者关照稍显逊色**

高频词是指一个词项出现频率至少占库容 0.10％的词（肖忠华，2012：66），可反映相关文本内容上的一些特点。由于篇幅有限，本文采用 Wordsmith Tools 6.0 获取 TECIPTSC 和 ECIPTSA 的高频名词、动词、形容词三类，并选取频数前十五位，从高到低进行排列。

从表 5-8 可知，就高频名词来说，TECIPTSC 自然景观高频词是 hill、water、mountain，而 ECIPTSA 则为 beach；TECIPTSC 的人文建筑景观高频词是 bridge、hall、garden、pavilion、temple，而 ECIPTSA 有 park、house、gate、building、tower、castle；与人物相关的名词上，TECIPTSC 和 ECIPTSA 中高频词分别有 emperor 和 queen；时间名词方面，TECIPTSC 中表示时间的高频词是 dynasty，而 ECIPTSA 中则为 century。TECIPTSC 和 ECIPTSA 的高频名词差异反映了国内外旅游资源、历史文化的差异；TECIPTSC 的时间名词 Dynasty 每千词词频为 3.87，其中仅有 29％用年份加以注明，71％无任何

年份注释;CCIPTSC 中有 24% 的朝代表述附加了注释,如"南宋绍兴三十二年(1162)"。这说明多数国内旅游景点解说牌示译者很大程度上受到了汉语原文行文的影响,因而忽略了文化差异可能会对旅游信息接受的影响。

从高频动词看,中外解说牌示文本均关注景点的建设(如:build、remain、rebuild)、地理位置(如:locate、stand)、功能(如:use)、命名(如:call),但在方位词使用上存有明显差异:TECIPTSC 多使用 locate 一词,而 ECIPTSA 则凸显景点的生动性、主体性,多用 stand 表示位置。此外,TECIPTSC 对景点的组成(如:consist)、面积(如:cover)、楹联题词(如:inscribe)关注较多,而 ECIPTSA 则强调旅行者的旅游和探索经历(如:visit、explore)。

再从高频形容词看,类似之处是两个语料库中都有对景点的民族特点以及在本国的影响力的相关描述(national、Chinese、United、American)。同时,两者表示与皇室相关词语(imperial、royal)的频次也相对较高。不同的是 TECIPTSC 多次提及方位(如:east),这很可能与中国传统的风水观念相关,对景物的排序(如:first)和独特性(如:only)比较看重;而 ECIPTSA 侧重体积、规模等景物本身性质描述(如:large、grand、small)。值得注意的是,TECIPTSC 在读者的关照上略显逊色,而 ECIPTSA 则注意提示游客从何处可以获取旅游信息或者服务(如:available)。

表 5-8　TECIPTSC 和 ECIPTSA 高频名词、动词、形容词比较(前十五位)

| 序号 | 名词 | | | | 动词 | | | | 形容词 | | | |
|---|---|---|---|---|---|---|---|---|---|---|---|---|
| | TECIPTSC | | ECIPTSA | | TECIPTSC | | ECIPTSA | | TECIPTSC | | ECIPTSA | |
| | 单词 | 频次/千词 | 单词 | 频次/千词 | 单词 | 频次/千词 | 单词 | 频次/千词 | 单词 | 频次/千词 | 单词 | 频次/千词 |
| 1 | dynasty | 3.87 | park | 1.58 | be | 19.1 | be | 13.16 | scenic | 2.29 | national | 0.94 |
| 2 | bridge | 2.29 | city | 1.49 | have | 3.60 | have | 1.85 | cultural | 1.42 | great | 0.54 |
| 3 | area | 2.02 | wall | 1.22 | (re)build | 2.39 | (re)build | 1.13 | great | 1.36 | historic | 0.45 |
| 4 | hall | 1.93 | house | 1.13 | know | 1.27 | can | 0.58 | east | 1.20 | united | 0.45 |
| 5 | garden | 1.91 | gate | 1.04 | locate | 1.10 | take | 0.49 | imperial | 1.20 | large | 0.41 |
| 6 | hill | 1.91 | building | 0.90 | like | 1.10 | use | 0.45 | ancient | 1.15 | royal | 0.41 |
| 7 | palace | 1.91 | water | 0.90 | name | 0.96 | visit | 0.41 | Chinese | 1.04 | early | 0.36 |
| 8 | emperor | 1.74 | site | 0.86 | use | 0.47 | work | 0.41 | national | 0.93 | grand | 0.36 |
| 9 | water | 1.74 | beach | 0.81 | call | 0.47 | explore | 0.36 | south | 0.93 | green | 0.36 |

续　表

| 序号 | 名词 | | | | 动词 | | | | 形容词 | | | |
|---|---|---|---|---|---|---|---|---|---|---|---|---|
| | TECIPTSC | | ECIPTSA | | TECIPTSC | | ECIPTSA | | TECIPTSC | | ECIPTSA | |
| | 单词 | 频次/千词 | 单词 | 频次/千词 | 单词 | 频次/千词 | 单词 | 频次/千词 | 单词 | 频次/千词 | 单词 | 频次/千词 |
| 10 | China pavilion | 1.64 | century | 0.81 | consist | 0.42 | call | 0.32 | beautiful | 0.88 | Roman | 0.36 |
| 11 | wall | 1.64 | tower | 0.77 | become | 0.42 | create | 0.32 | first | 0.88 | American | 0.32 |
| 12 | temple | 1.64 | stone | 0.72 | inscribe | 0.42 | know | 0.32 | only | 0.82 | ancient | 0.32 |
| 13 | pavilion | 1.58 | queen | 0.68 | remain | 0.32 | provide | 0.32 | front | 0.76 | available | 0.32 |
| 14 | dragon | 1.36 | world | 0.68 | make | 0.32 | remain | 0.32 | historical | 0.76 | small | 0.32 |
| 15 | mountain | 1.25 | castle | 0.63 | cover | 0.32 | stand | 0.32 | famous | 0.71 | original | 0.32 |

## (4)单现词汇:词汇丰富度低于英语原创解说牌示

单现词是指文本中仅出现了一次的词数,也是另外一个能够表现文本词汇丰富程度的数据。从表 5-9 中可见,TECIPTSC 中的单现次为 5640,占 56.4%;而 ECIPTSA 的单现次为 6472,占 61.8%。TECIPTSC 中的单现词比例略低于 ECIPTSA 单现次比例(5.4%),这说明 TECIPTSC 的用词丰富程度略低于 ECIPTSA。

表 5-9　TECIPTSC 和 ECIPTSA 单现词汇对比表

| | TECIPTSC | ECIPTSA |
|---|---|---|
| 单现词数 | 5640 | 6472 |
| 所占比例 | 56.4% | 61.8% |

## (5)词汇密度:文本信息量低于英语原创解说牌示

Ure(1971)提出词汇密度的计算公式为实义词数除以词汇总数得到的百分比。一般认为词语可以分两类:一类是功能词(Function Words),指不具备稳定意义或意义模糊而主要起语法功能作用的词语,主要包括连词、介词、助动词和冠词等;另一类为实义词(Content Words),指具有稳定词汇意义的词语,包括名词、动词、形容词、副词、数词和代词(王克非,2012:84)。从图 5-11 可以看出,TECIPTSC 的词汇密度低于 ECIPTSA,更是明显低于 BCTT,也就是说,同样长度的文本,BCTT 和 ECIPTSA 的信息量更大。

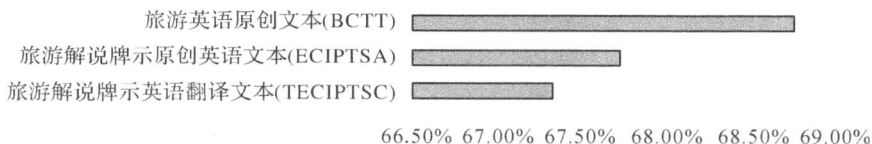

旅游英语原创文本(BCTT)
旅游解说牌示原创英语文本(ECIPTSA)
旅游解说牌示英语翻译文本(TECIPTSC)

66.50% 67.00% 67.50% 68.00% 68.50% 69.00%

图 5-11　词汇密度对比图

### (6)人称代词:交际效果逊色于英语原创解说牌示

韩礼德在《功能语法导论》(1985)提出语言具有三种元功能:概念功能(Ideational Function)、语篇功能(Textual Function)和人际功能(Interpersonal Function)。在旅游景点牌示中,通过一定的人称代词使用可以使景点与游客之间建立某种特定的人际关系,以达到介绍基本情况、表达观点并试图引起游客探索行为或审美、情感共鸣的目的。

从表 5-10 的人称代词使用情况可以看出,TECIPTSC 人称代词的每千词标准化频率最高,比较接近 ECIPTSA,但远高于 CIPCTSC。个中原因,可能是由于汉语存在较多无主句和人称代词省略现象,而英译者在翻译过程中为了符合英语语法和交际需求,做了相应的人称代词添补。

从第一人称代词来看,TECIPTSC 比 CIPCTSC 的第一人称使用频率高,这是因为尽管汉语存在一定量的无主句和人称代词省略现象,而且为表谦逊常常避免使用第一人称,但在英译过程中译者很可能对其进行了必要添加和适当调整;TECIPTSC 的第一人称代词使用频率明显低于 ECIPTSA,这很可能是 TECIPTSC 译者在翻译时很大程度上受到汉语原文语言特点影响而造成的,而 ECIPTSA 多使用第一人称代词,为的是便于主动展开介绍,拉近交际距离。

从第二人称代词看,TECIPTSC 的第二人称使用频率明显低于 ECIPTSA。究其原因,ECIPTSA 体现了作者多以游客关照,力图缩短与参观者间的时空和心理距离,营造一种面对面的交流效果,增强亲切感和认同感,从而引发读者进行旅游和探索的行为。

再从第三人称代词看,人称代词使用从低到高依次为 CIPCTSC、ECIPTSA 和 TECIPTSC。其中 TECIPTSC 使用频率最高,而 CIPCTSC 第三人称使用较少,这可能与汉语景点介绍性的牌示语言习惯有关,汉语介绍常常注重文采,多采用成语和四字词,多采用重复,文体有文言文的倾向,加之汉语为分析型的语言,常常省略相关的人称代词。然而 TECIPTSC 却可能为了符合英语语法和表达习惯,对第三人称进行了必要添补。TECIPTSC 第三人称使用频率高不利于拉近与游客的距离。

表 5-10　人称代词使用频次表

| | CIPCTSC | | TECIPTSC | | ECIPTSA | |
|---|---|---|---|---|---|---|
| | 频次 | 标准化频率(每千词) | 频次 | 标准化频率(每千词) | 频次 | 标准化频率(每千词) |
| 第一人称代词(我、我们、I、we、our、us) | 2 | 0.32 | 12 | 0.65 | 45 | 2.04 |
| 第二人称代词(您、你、you、yours) | 12 | 1.90 | 28 | 1.53 | 65 | 2.94 |
| 第三人称代词(他、他们、它、它们、he、his、she、her、they、their、them、it、its) | 32 | 5.08 | 319 | 17.39 | 277 | 12.53 |
| 小计 | 46 | 7.30 | 359 | 19.58 | 387 | 17.50 |

**(7)平均句长:译文可读性略低于英语原创解说牌示**

平均句长从一定程度上反映了文本的正式程度、复杂程度与可读性。表 5-11 将 TECIPTSC、ECIPTSA 与北京外国语大学语料库的英语原创非文学文本(CEPC)的平均句长进行对比。结果显示,TECIPTSC 的平均句长最长(22.95),明显高于 ECIPTSA(4.09)和 CEPC(2.71),究其原因可能是受到汉语景点解说牌示特点的影响,而且 ECIPTSA 可能考虑到参观者停留时间有限,且有现场的景物作为语境,调整了写作风格,如缩短平均句长,使其通俗易懂,从而使游客可以尽快获取必要信息,保持游客阅读兴趣。

表 5-11　平均句长对比表

| 语料库 | 平均句长(词) |
|---|---|
| 国内旅游景点解说牌示英语翻译文本(TECIPTSC) | 22.95 |
| 国外旅游景点解说牌示英语原创文本(ECIPTSA) | 18.86 |
| 英语原创非文学文本(CEPC) | 20.24 |

### 5.5.4　语料库对"商务英语翻译"教学的启示

通过以上分析,我们认为旅游景点解说牌示英译教学的启示有:

①在语言维度上,国内旅游景点牌示的英译应多参考国外景点相关语料,并考虑到游客在现场参观时的时间和空间因素,建议注意用词变化和丰富程度,适当缩短句子长度,增强文本的可读性,从而引发游客进一步游览和探索的行为。

②在文化维度上,国内旅游景点牌示的英译需关照目的语读者的文化背景和阅读习惯,建议采用外籍人士熟悉的时间表述方式处理旅游景点牌示中关于朝代等信息;注意文化差异,重视对景物特征的描写,服务性信息的提供以及展示性较强内容的缩减。

③在交际维度上,为了让游客有一种面对面导览的交际效果,国内旅游景点牌示的英译需有意识地增加第一、第二人称的使用频率,从而更好地实现交际效果。

## 5.6　"互联网＋"背景下的计算机辅助翻译模块构建研究

计算机辅助翻译(Computer-Aided Translation)是指翻译人员借助计算机辅助翻译技术或工具进行的一种翻译形式(潘学权,2016:1)。如今在网络翻译、语料库、百科等相关资源日益丰富的背景下,商务英语教学者比较设计丰富的计算机辅助翻译模块,从而对提升学习者的翻译质量和翻译效率。下面为项目组根据目前学习者岗位需求和计算机辅助翻译资源最新发展情况编写的计算机辅助翻译模块内容。

### 5.6.1　北京市民讲外语网站

2000年初,为了给北京申办2008年奥运会创造良好的语言环境和国际交往氛围,由市政府组织,在全市广泛开展了市民讲外语的一系列活动,极大地调动起广大市民学外语、讲外语的热情,在国内外产生了很大的影响,为成功申办 2008 年奥运会发挥了积极的作用。该网站现在仍能通过北京市人民政府外办办公室链接进入,提供了大量的公示语译写参考语料。该网站对翻译而言主要的帮助有:

● 提供公示语译写搜索和查询,如图 5-12 所示,输入"小心碰头",即可获得相关译文。

**图 5-12　北京市民讲外语网站公示语搜索页面**

● 提供北京地方的公示语译写通则,如公共场所双语标识英文译法通则,公共场所双语标识英文译法实施指南——医疗卫生、文化、商业、旅游景区、道路交通、商业服务业、体育场馆、医疗卫生等;还提供其他的实用性文本译文参考,如《美食译苑》《北京市组织机构、职务职称英文译法》(见图 5-13)。

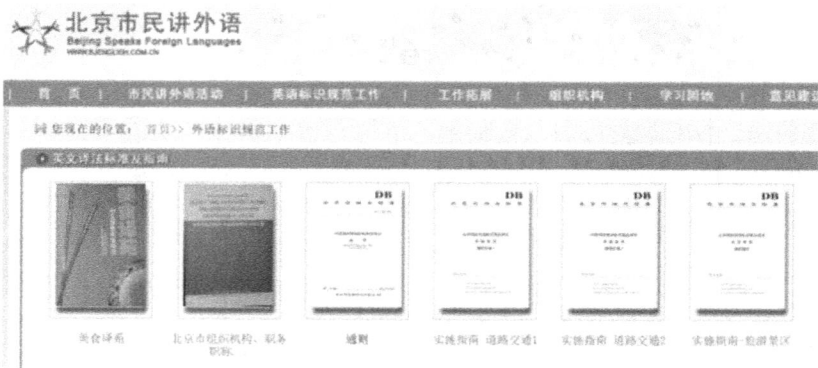

**图 5-13　北京市民讲外语网站外语标识规范工作页面**

## 5.6.2　Google 在线翻译工具

Google 在线翻译工具是一项免费的翻译服务,可提供 57 种语言之间的即时翻译,可以将所有信息变为用户普遍可理解的有用信息,而无须考虑其源语言。同时,Google 还为译者开发了工具包,是一款整合的辅助翻译平台,它为翻译人员提供包括翻译辅助、机器翻译、协作平台和 Talk 等服务。目前,它整合谷歌翻译、所见即所得编辑器、开放的评分系统、分享系统、维基百科以及 Knol(a unit of knowledge,知识单元),支持编辑和翻译 50 多种语言。对于各类翻译人员,该系统还提供了翻译记忆库、术语和词汇表的上载重用,并提供了全球翻译记忆库,供翻译人员使用。如在界面输入单词、句子或者短语即可出现参考译文(见图 5-14)。

**图 5-14　Google 在线翻译界面**

其他的在线翻译工具还有腾讯翻译君、阿里翻译、百度翻译、搜狗翻译、有道翻译、小牛翻译、必应翻译等,每种翻译引擎在不同的文本类型和不同的垂直领域表现有所不同。

## 5.6.3　手机应用词典

随着智能手机应用的普及,越来越多涉外工作者开始使用手机应用词典为翻译工具。手机应用词典既保留了传统专业词典的特点,又具备诸多传统翻译工具无法实现的优势,例如:更新快、容量大、携带方便、学习模式多样化等。目前手机安卓系统、iOS 系统中下载量较大的英语词典软件有金山词霸、有道词典、旅游翻译官、英汉词典、百度翻译、海词词典、欧路词典、谷歌词典、外研社英语词典、掌中英语等。以金山词霸为例,除了提供传统的词典查询,还新增了整句翻译、英美真人发音、情景会话、单词本、双语资讯、VOA 听力等,同时提供爱词霸经典每日热词和每日一句。手机词霸即使不联网也可查询常用词条的简明释义,有些手机词典还可以用摄像头直接取词翻译,给译者和学习者提供最快最佳的翻译帮助。其他常见的手机应用词典见图 5-15所示。

**图 5-15　常见翻译手机应用词典**

## 5.6.4　Linggle 网站(https://www.linggle.com)

Linggle 网站具有比较强大的查询搭配的功能,可以辅助写作和译后编辑。可以通过下面的方式进行查询:

● 用 * 号表示 0 到多个词落,例如 play * role 可以搜到 play a role 或play a very important role。

● 用_表示任何单词,比如 listen_music 可以搜到 listen to music。

● 用"～单词"可以搜到这个单词的同义词,例如～reliable person,可以搜到 trustworthy person。

● 用"单词 1/单词 2"可以搜索到哪个单词更加合适,例如"effectively/further strengthen"。

● 可以显示出频次,如 further 出现 146837 次;effectively 出现

1799 次。

● 用 v.（动词）、n.（名词）、adj.（形容词）、prep.（介词）、conj.（连词）、pron.（代词）可以搜索某一词性的搭配词。例如图 5-16 中搜索了与 strengthen 搭配的副词。结果显示 further 最为常用。

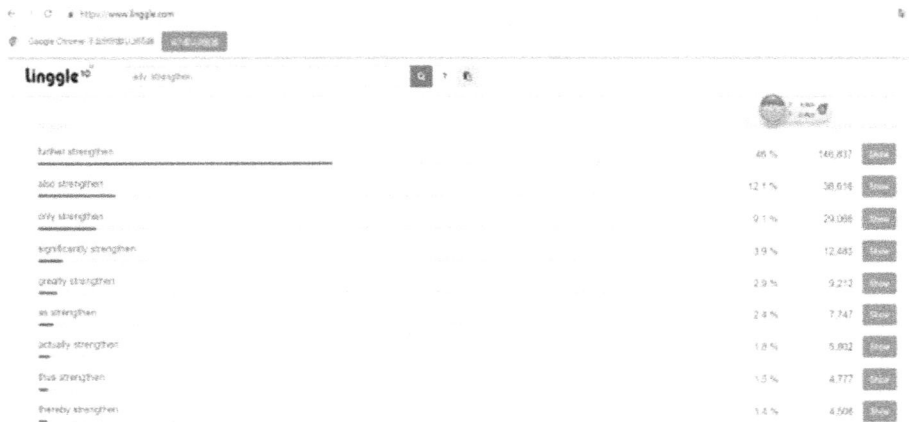

**图 5-16　常见翻译手机应用词典**

## 5.6.5　Grammarly 免费写作助手

Grammarly 主要可以用于检查语法错误，也可以用于辅助翻译后的检查，包括考虑上下文的拼写检查、语法检查、标点符号纠正、句子结构修正、句式修改、词汇增强。有在线版和安装版两种形式，同时还具有网页插件版本。

通过该工具可以设定写作的目的，选定特定的读者群体、行文正式程度、运用领域、语气、写作目的等，便于后台在文体风格上提供更加精准的修改建议。

通过该工具可以完成文档的语法错误鉴别并获取相关的修改建议，例如下文是译者导入相关文本之后获得的语法修改建议。如见图 5-17 所示，后台对本文的综合评分为 35 分，需要进行进一步修改。后台定位的错误共计 9 项，点击每个项目之后后台提供了修改建议和译文，如同意修改即可点击译文，就可以在原文中插入。修改完全文之后可以重新保存修改好的译文。

China is large country with time

China is large country with time-honor history. Since ancient times, the ancestors of Chinese laboured, lived, and multiplied on this vast land and have created splendid culture. As one of the four cradles of world's earliest civilizations, it has a recorded a history of nearly 4,000 years. Throughout the history of chinese civilization, its agricultural and handicrafts have been renowned for their high level of sophistication. During these 4,000 years, China nurtured many great thinkers, inventors, statesmen, strategists, men of letters and artists, yielding a rich cultural heritage and fine cultural traditions.

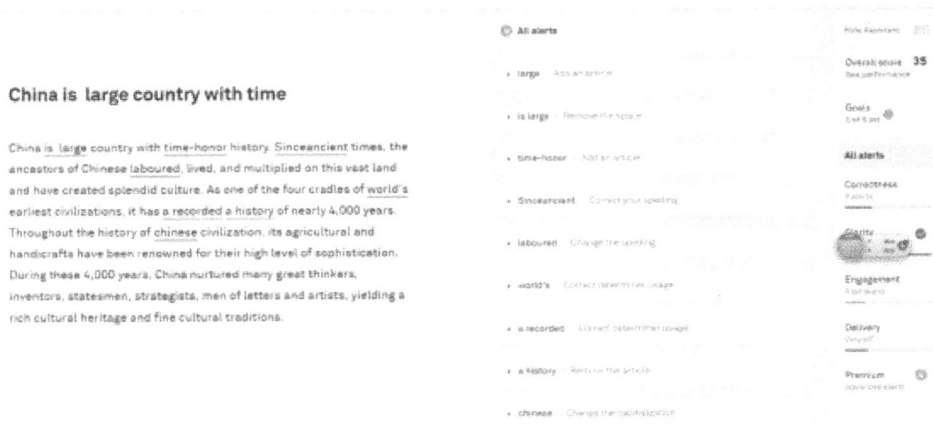

**图 5-17　Grammarly 在线修改建议**

## 5.6.6　Yahoo Search Engine 雅虎搜索引擎

Yahoo(www. yahoo. com)是为大众所熟知的搜索引擎,它不仅能够帮助我们获取各种信息,也能有效辅助翻译。通过该搜索引擎能够获取与翻译相关的背景知识、专用名词、检验词语的意思和用法。本部分将向大家介绍以下几种诀窍。

● 通过 Yahoo 的图片搜索确定专业词汇准确与否。例如,在翻译"白色家电"时,通过词典查找有"white goods;white wares"两种译文。分别利用 Yahoo 的图片搜索功能进行搜索,通过搜索结果就能直观地判断哪个译文更合适(见图 5-18 和图 5-19)。

● 通过 Yahoo 的网页搜索可以查找到中英对照的文章。例如想查找关于中国结的相关信息,可以同时输入"中国结"加空格加"Chinese Knot",就能获得相关的中英文结果(见图 5-20)。

## 5.6.7　网络平行文本

平行文本(Parallel Text)本来指并排放在一起、可以逐句对照阅读的原文及其译文。把众多的平行文本搜集起来,按一定标准组合在一起就形成了

**图 5-18**  "white wares"图片搜索截图

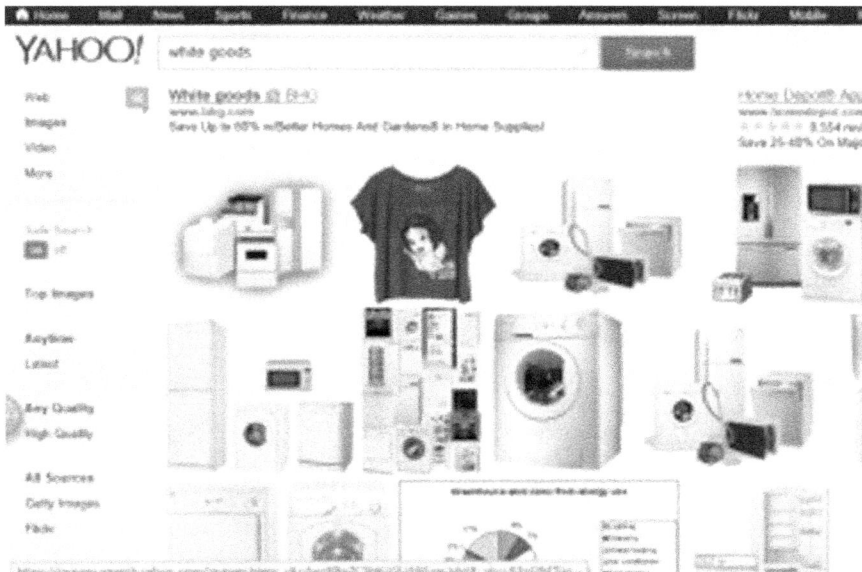

**图 5-19**  "white goods"图片搜索截图

平行语料库(Parallel Corpora)。狭义的平行文本指专题性的文章,也可以是百科全书中的词条,词典中的解释、例句等;广义的平行文本可包括与原文内容相似的译出语资料。翻译是一项信息理解和语言产出的过程,优秀译文的

**图 5-20 "中国结"网页搜索截图**

产生需要译者具备知识面广、语言组织能力强、专业背景深厚等素质,而某个译者的熟悉领域和语言能力总会有一定的局限性,平行文本可以用来弥补译者在语言和专门知识方面的欠缺。随着互联网的普及,平行文本的获得不再局限于传统的图书、杂志、报纸等纸质文本,网络搜索引擎和电子词典等途径大大加快了平行文本获得的速度,增加了平行文本的信息量。通过参考平行文本,译者可以补充专业知识、掌握专业术语、借鉴表达方法、模仿写作风格等,从而提高译文质量。

● 通过平行文本可以参考相关术语。

平行文本对相关领域术语的翻译具有一定的借鉴意义,例如产品部件名术语就可以通过获得同类产品的平行文本进行参考。又如根据词典,我们将商品说明书翻译为 instructions 或 directions,而涉及用户手册翻译时,我们常用 manual。如果参考平行文本,如图 5-21 所示的 kindle 的用户手册封面,可知使用"品牌+产品型号+manual",同时采用"complete user guide for +功能"。两个表示用户手册术语并行使用,且使用方法略有不同。可见通过平行文本,可以具体地、情景化地参考术语表达和使用方法。

● 通过平行文本可以参考词汇、句式和行文风格。

在翻译中平行文本提供相关同类本文的用词、句式、语篇风格、超文本风格。例如图 5-22 的说明书参考文本中,从用词上,全文词汇简单易懂,采用了

图 5-21　kindle 用户手册封面

enter、press、insert、print 等简单通俗的动词；从句式上，全文采用了简单句，多用祈使句，并省略了定冠词等，使全文简洁明了；语篇和超文本风格来看，全文采取图文并茂、图文结合的方式，便于读者在较短时间内高效、准确地获取信息。

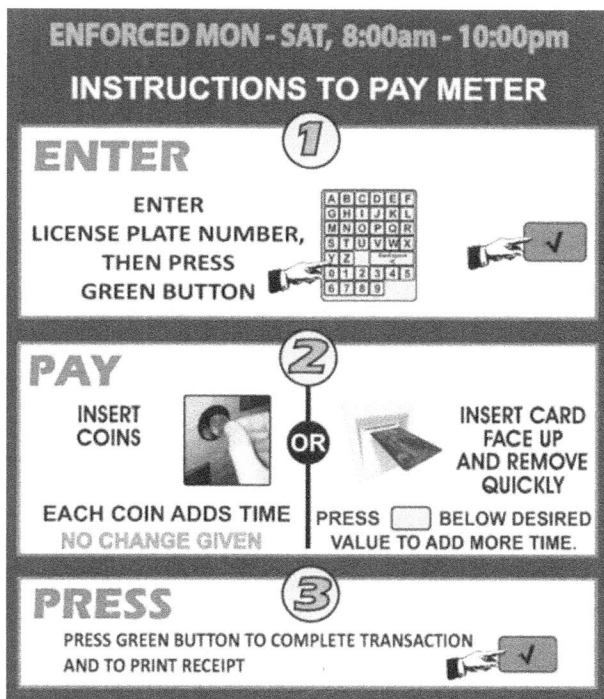

图 5-22　说明书平行文

## 5.6.8　翻译政策法规

语言文字类政策法规对规范语言环境、指导翻译实践起到了必不可少的作用。与翻译实践相关的法律法规性文件主要包含两类：与翻译行为规范相关的文件和与翻译项目相关的法律法规。①与翻译行为规范相关的文件，如2003年和2006年颁布的《翻译服务规范》笔译和口译部分对翻译服务的职责、流程等都有明确规定，这对翻译学习者了解行业规范有一定的帮助。②与翻译项目相关的法律和法规。翻译学习者应该了解前沿的翻译规范性文件，并在翻译实践中贯彻和参考，这样对提升翻译质量和译文规范化程度都很有帮助。例如，进行路名公示语翻译时，可借鉴1967年第二届联合国地名标准化会议做出决议，要求各国、各地区在国际交流中都使用罗马（拉丁）字母拼写，做到每个地名只有唯一一种统一的罗马字母的拼写形式，称之为"单一罗马化"，根据这一规定，路名公示语的翻译中应该将中山路翻译成"Zhongshan Lu"而不是"Zhongshan Road"。

## 5.6.9　COCA 语料库

英文 Corpus 一词源于拉丁语，本意为 body，即身体、身躯。从本质上来说，语料库就是"依照某种原则方式所收集的大量文本的汇总"。语料库的发展经历了原始语料库、现代语料库和当代语料库三个阶段。现代意义上的语料库包括运用计算机技术搜集的多种文本语料，因其语料真实、便于检索，在翻译中如能个性化地进行运用，会对译者大有帮助，还可以帮助翻译学习者确定词的搭配、同义词、动词的时态、词汇在不同题材中的运用等。推荐使用当代美国语料库（http://www.americancorpus.org/）和英国国家语料库（http://www.natcorp.ox.ac.uk/）。

本部分重点讲解语料库辅助搭配的问题，通过当代美国语料库和英国国家语料库搜索获得的搭配方面可参考性比通过 Google 引擎搜索获得的内容可参考性更高，因为这些语料库的语料真实、来源可靠。例如，在翻译中华餐饮老字号"馄饨侯"的简介时有一句："馄饨侯的汤更是一绝，要花费6个小时的时间熬成,汤口讲究味浓不油腻,由于棒骨汤富含钙质,许多老人也是冲着这个来的。"翻译时,译者可能对"富含钙质"的搭配不是很明确,不确定应该用 rich 还是 high 来修饰钙质。这个问题可以通过如下方法借助语料库解决。

第一步:在 http://www.natcorp.ox.ac.uk/中分别输入"rich calcium"和"high calcium"进行搜索,见图 5-23—图 5-25 所示。

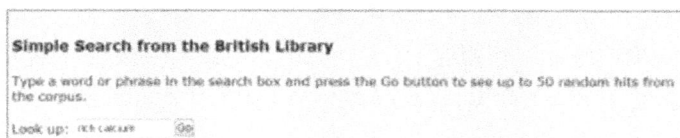

图 5-23 rich calcium 在语料库搜索的方法

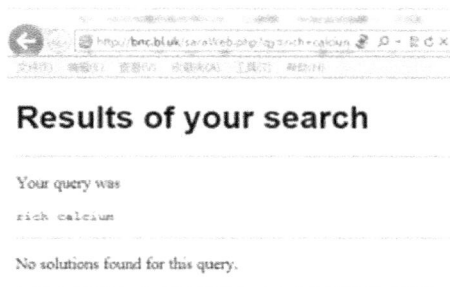

图5-24 rich calcium 在语料库中的搜索结果

图 5-25 high calcium 在语料库中的搜索结果

第二步:根据结果,选取"high"这个形容词进行翻译。

## 5.6.10  绍兴文理学院语料库

绍兴文理学院语料库提供文学、法律和政府工作报告相关检索，可以根据翻译时的需要进行灵活运用。例如在翻译政府文本时就可以参考绍兴文理学院语料库中的政府工作报告，如翻译"切实加强……"这一短语时，可以借鉴图 5-26 中的政府工作报告。2001—2010 年的政府工作报告中，关于"切实加强……"共计有 21 处表达，6 种典型表达法：

conscientiously increase efforts to…

take effective measures to…

be conscientiously strengthened…

effectively strengthen/improve…

strengthen/improve…

strengthen efforts to…

翻译时，可以参考以上译法，并根据上下文和语义选择译文。

**图 5-26　绍兴文理学院语料库"切实加强"搜索结果**

## 5.6.11  Language Portal 微软语言资源门户

微软这款语言资源门户主要具有强大的本地化功能，可以帮助译者在搜索术语、下载文风指南、术语列表、软件界面字串、API 等。对于初学者来说，这个门户可以提供丰富的术语资源。例如，需要查找"发动机"这一专业术语的英语表达时候，可以输入"发动机"，并选择源语和目标语，就可以查询到相关领域的术语表达，翻译时可参考图 5-27 中的译文。

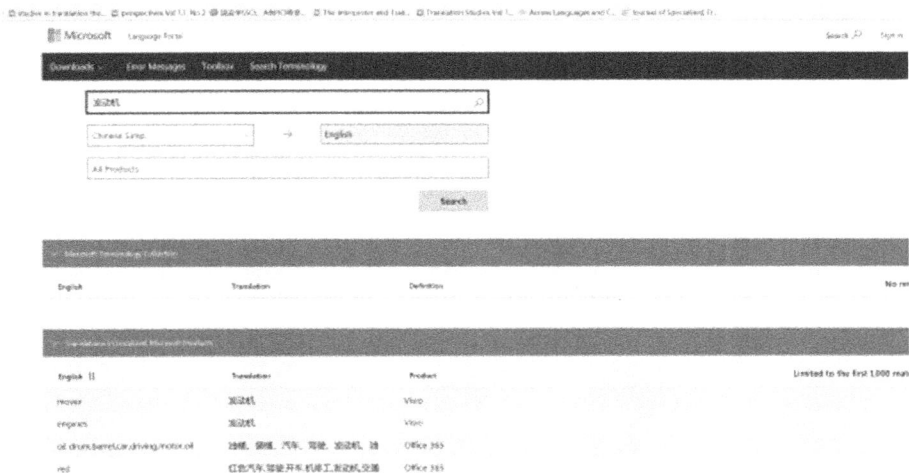

图 5-27　Language Portal 的"发动机"搜索页面

# 6 "O2O"混合教学形式研究

## 6.1 案例教学在"商务英语翻译""O2O" 混合教学中运用研究

案例教学指的是在教师的指导下,把学生带入特定事件的现场,深入角色,再现案例情景,提高学生实际运作能力的一种教学法(瞿文宪,1996,1:57-59)。案例(Case)的原意可以指医学中的"病例",法律中的"案例"等。最早倡导案例教学的先驱人物——哈佛大学工商学院的 Charles I. Gragg 教授曾撰文指出,正是"因为智慧不是经由别人直接告知而得来的",所以才有开展案例教学的必要。这一信念几乎构成了所有案例教学的基石。目前案例教学已经被广泛运用于法律、会计、管理、贸易等实践可操作性较强的课程教学中,并显示出这一教学法强大的生命力。

### 6.1.1 案例教学特点

案例教学法的特点有:①案例教学法目的明确。案例教学法适用于操作性强的课程,目的在于培养学生实际分析问题和解决问题的能力。教学目的明确地体现在教学内容和课堂的组织中。②案例教学法符合人的认知规律。唯物辩证法认为,实践是认识的来源。案例教学法中运用来源于实践的案例,学生通过来源于实践的案例进行学习。这个过程符合人的认识规律。③

案例教学有鲜明的实践性。案例教学法主导的课堂围绕呈现案例,分析案例,解决案例涉及的问题,又通过案例进行操练,整个教学过程渗透着实践性。④案例教学有助于提高教师和学生的业务能力和综合能力。案例教学中案例与实际业务有着直接的联系,能够促进教师和学生深入社会、了解相关行业的最新动态,并运用于案例教学中,这一过程对提高教师和学生业务能力都有一定的作用。案例教学中,可以要求学生针对某一翻译案例查找资料,进行分析,以小组为单位开展翻译任务,最后每个小组选出代表就翻译任务发言。这个过程对学生的总结能力、研究能力、协作能力和表达能力都是一种锻炼。可以说,这个过程也是对学生的综合能力的锻炼。

## 6.1.2  案例教学的意义

高职英语翻译课中运用案例教学有一定的意义。首先从高职英语教学的特点来看,案例教学符合高职教育的教学目的。《普通高等专科英语课程教学基本要求》中明确规定:"专科英语教学的目的是培养学生掌握必要的实用性英语语言知识和语言技能,具有阅读和翻译与本专业有关的英文资料的初步能力,并为进一步提高英语的应用能力打下基础。"为了达到这一目的,必须强调语言共核教学和重视语言实际应用。高职英语教育应重视语言共核,以"实用为主,够用为度"为原则,加强学生实际应用能力的培养。而案例教学突出实践性,对提高学生的实际运用能力有着直接作用。

其次从高职商务英语翻译课程的性质来看,该课程属于实践性课程。而案例教学在实践性课程中最能显示它的生命力。渗透着案例的商务英语翻译课堂是真正意义上最具实践性、仿真性的课堂。

最后从高职学生的特点来看,高职学生的运用能力、学习动力相对本科生而言较弱。而案例教学法的运用,使课堂内容与社会实践直接接轨,有助于引导学生运用课堂知识。案例的运用能让学生直接地体会到该课程的实用性,学生学习的积极性、主动性能得到一定程度的提高。总之,在高职商务英语翻译课中运用案例教学法大有裨益。

## 6.1.3　案例教学的运用

高职学生的商务英语翻译课混合教学中运用案例教学法主要从这些方面入手：

**(1)教材和练习渗透案例**

如何在高职英语翻译课堂中渗透案例呢？主要从教材和练习入手。现行翻译教材中专门为高职商务英语翻译课编写的教材凤毛麟角。我们选择教材时主要考虑教材的编排和案例的选择。以专题形式展开，案例较新的教材为佳。有必要时，可以在不同的专题部分增加新的、接近学生的案例。在本项目的开展过程中，考虑到学生的地域特点，增加了很多关于浙江的信息的翻译，如浙江概况翻译、杭州概况翻译、浙江特菜翻译等。

此外，练习也可以以案例的形式设计。比如翻译自己熟悉的一名教授的名片、父母的名片，翻译自己的个人简历，翻译杭州名菜，这些接近学生生活的案例能引起学生的兴趣，让其在愉快的气氛中完成练习。另外，教师讲解完某一案例的翻译之后，让学生在借鉴的基础上进行同类的案例翻译，能够有效巩固所学知识。

这个过程要求教师提高自己的业务能力。如何按照面向社会、预测市场需求来组织教学是翻译课教学设计的前提所在。只有教师对相关行业十分熟悉，才能合理地选择教材，选择案例，设计案例，增补案例。

**(2)改变三个"中心"**

改变以教师为中心的教学。传统的翻译教学以教师为中心，课堂主要以教师讲解课本内容展开。翻译课主要采取精讲多练的形式。学生参与课堂的机会少，积极性、主动性和创造性得不到充分的发挥。案例教学中可以引导学生参与案例的分析，以小组为单位完成翻译任务，做翻译汇报，集体评议某一译文。这些形式能提高学生的参与意识，活跃课堂气氛，提高学生的鉴赏能力。

改变以课本为中心的翻译教学。传统的翻译教学大部分以教材为中心，而教材从撰写到出版有一定的周期，教材中的案例用于教学时就略显陈旧了。因此在教学中以教材为主线，补充新的案例，能提高学生的兴趣，弥补教材时效性方面的缺陷。比如在会展翻译这一专题中,可以让学生试译杭州西湖博览会简介、G20 杭州峰会的菜谱、中国社会新词等。

改变以句子为中心的翻译教学,传统的教学注重句子翻译技巧的讲解,如增词、减词等。学生习惯于将句子作为基本的翻译单位,对语篇的分析不足,常常出现衔接、逻辑、用词不符合语域的问题。案例教学中,可以引导学生从语篇层次进行分析,注意语篇的语域、衔接和逻辑结构,解决传统教学中常见的问题。

**(3)改变测试的形式**

传统的英语测试中案例的比重不高,或者基本不涉及案例。而商务英语翻译作为一门实践性的课程,测试中以案例为主导,能产生积极的反拨作用(Backwash Effect),促使学生注意实际生活中常见文本的翻译,体现课程的实践性。

我们可以基于案例,设计多样的测试形式。从时间上看,可以采用课后测试和课堂测试。课后的测试能降低学生的焦虑感,为使用工具书、网络协助翻译创造机会,充分发挥学生的能动性。从题型上看,可以采用段落翻译、译文改错等,提高学生的篇章翻译能力和鉴赏能力。此外,可以鼓励学生参加相关的社会实践——实践是最鲜活的案例。学生的社会实践情况可以以一定比重计入学生的成绩中。

## 6.1.4 小结

案例教学在高职商务英语翻译混合教学中的运用大有必要。目前案例教学的开展还需解决一些问题。解决这些问题将进一步推进商务英语翻译课的案例教学。

①编写与教材配套的案例集。案例集的编写应注意难度适中,体现地域特点和学生特点。

②提高教师的业务能力。案例教学的设计、开展对教师的业务能力都有很高的要求。高职教师应该力争成为"双师型"的教师,在业余时间适量承担一些翻译任务,了解翻译行业的情况。

③保证一定的课时。案例教学包括案例分析、解决问题和通过类似案例

进行操练三个环节,没有一定的课时保证,案例教学就很难开展。

④充分利用多媒体手段。通过多媒体手段可以更好地呈现案例,模拟案例情景,提高教学效果,因此高职翻译教师应该提高自己现代化教学能力,熟练适当地在案例教学的课堂中使用多媒体教学。

## 6.2 基于建构主义的高职商务英语翻译项目"O2O"混合教学改革

建构主义(Constructivism)教学理论作为认知学习理论重要的分支,是由瑞士著名心理学家皮亚杰(Jean Piaget)在 20 世纪 60 年代提出的。建构主义理论认为:学习者是知识建构的主体,知识建构即知识获取和内化的行为,是通过未知知识和已有的知识经验相互作用而完成的。

首先,建构主义者认为知识或技能建构必要的条件之一是问题解决性的学习环境。问题解决性的学习环境,能够调动学习者的学习主动性,有效激活学习者已有的知识和经验,结合新的知识和经验,用于解释和分析当前的问题,从而形成新的假设和推论,并做出检验。这一过程为新知识和技能的建构提供了理想的路径。前期一些建构主义研究对问题解决式的学习环境要素进行了相关描述,理想的载体要素为"真实任务"(Real-life Task),学习目标要素必须符合"清晰明确"的条件(顾佩娅、方颖,2003.7:28)。而广泛运用于职业教育领域的项目教学作为一种问题解决式的学习途径,为学生的能动建构提供了极佳的学习情景、载体和问题学习型的情景。职业教育课程中的"项目"指的应当是有结构的项目,即具有相对独立性的客观存在的工作任务模块(蒋庆斌、徐国庆,2005.2:47)。商务英语翻译项目也是有一定结构的项目,特别是源自真实工作中的翻译项目,不仅具备真实性的特征,反映了社会和学习的真实需求;此外商务英语翻译项目具有清晰明确的目标指引,译文必须符合一定的翻译标准,能完成特定的交际功能,必须遵守国家公布的《翻译服务规范》,具体翻译项目产出的译文还应适应具体的翻译生态——含译者、读者、委托人、社会文化因素等在内的翻译生态整体。1997 年克里斯蒂娜·莎弗纳和贝弗利·艾达(BeverlyAdab)在《翻译能力培养研究》一书中提及了"模仿真实情景"(Real-life-like Assignment)教学法,这也体现了项目教学的理念。无论从项目教学还是国际翻译教学发展现状来看,真实情景商务英语翻译项目不仅符合最新的教学发展趋势,也为翻译课堂中学生的能动建构提供了极佳的问题解决性的情景,具有更具体的情景,更明确的目的性,更强的实用性。

其次,建构主义认为知识或技能建构的有效条件之一是合作性的学习环境。在建构过程中,学习者作为学习的主体应围绕当前问题获取有关的新知识和新信息,同时又要不断运用个体"已有的知识和经验",(范琳,2003.4:31)。建构主义认为学习建构不仅仅是个体行为,群体行为对学习者个体的有效建构也有着积极的意义。通过问题解决过程中学习者团队合作互动,相互学习,共同协作,引发学习者个体不断反思,促进个体主动内化,最终在解决问题中完成"意义建构"(王冰,2008.3:28)。在真实的商务英语翻译项目中,翻译学习者团队在教师的引导下,以协作的形式自觉主动地分析翻译项目中需解决的问题,解读源语项目文本,通过查找翻译工具、网络资源获取背景知识、平行文本等,选择合适的翻译技巧和策略,完成译文初稿,共同按照翻译的标准、发起者的意图、目标语读者的语言习惯检查润色译文初稿,最后完成翻译项目,并完成交稿。在合作完成翻译项目的过程中,小组成员原有经验的不同,性格特征各异,认知能力上也存在着个体差异,通过与他人的合作和交流,学习者个体的认知结构也得以重构,所建构的翻译知识、技巧和经验也将更加完善。

## 6.2.1 以真实项目为载体,促进学生主动建构

从教学内容上看,通过项目教学促进学生主动建构翻译知识和技能,体现了商务英语翻译教学从结构走向建构的趋势。传统的翻译教学体现了结构主义语言教学观,教学内容从字词翻译开始逐渐递进到句子的翻译,有一个鲜明的从低级语言单位到高级语言单位的语言对照体系贯穿其中(谭业升,2001.4:13),展现形式主要是语言对比、译文对比。传统教学体现的是一种传授知识的倾向,要培养学习者的翻译能力和素质,通过简单的语言对比、知识传授、技巧讲解是远远不够的。而以真实项目为载体的商务英语翻译项

目教学能更加有效地将学生置于问题解决的情景之中,能体现翻译学习者目标工作岗位的典型工作任务,涉及翻译学习者思考、协作、翻译和决策的过程,需调动翻译学习者观察能力、分析能力、语言能力、认知能力、思维能力、协调能力,能使相关的知识和经验内化为学习者自身知识体系的一个部分,完成学习者能动建构。

在商务英语翻译项目内容的选取上,应特别重视内容的针对性、典型性、实用性、真实性和实效性。项目的内容方面,为了提高学生的学习积极性,确保翻译项目的针对性、典型性和实用性,须广泛开展企业单位对翻译人才具体需求的调研、毕业生跟踪问卷调查、行业专家访问等,确定课程的项目。基于广泛扎实的调研,针对大部分专业学生的就业岗位,选取贴近实际生活、贴近实际工作的项目。鉴于以上考虑,我院商务英语专业现已编写并使用了《商务英语翻译实务》项目教材,主要涉及商标商号、商务名片、广告、商品说明书、公司简介、商务函电、信用证、汇票、菜谱、旅游等十三个翻译项目(曹深艳,2008)。

在项目来源方面,商务翻译教学团队还可以通过行业兼职教师咨询、专职教师实践、虚拟翻译社业务、横向课题等途径获取真实翻译项目。例如近年来,来自金融、商务、旅游等行业的资深行业兼职教师参与我院商务英语翻译教学,也为翻译课程带来最原始的翻译项目教学材料;同时翻译专职教师可利用寒暑假和业余时间到外贸公司和翻译社进行实习,收集第一手的翻译项目教学材料;此外,我院还通过虚拟实体的翻译社"金苑翻译社"对外承接学院内外一定量的翻译业务,这些翻译业务经过委托人的允许也可以作为商务英语翻译项目教学的材料。此外,教师在开展翻译项目教学的过程中可通过以上途径对项目不断更新以保证翻译项目的时效性。

项目要素把握方面,根据德国翻译家斯蒂娜·莎弗纳的"模仿真实情景"教学法,翻译项目教学中必须真实再现项目中的翻译情景(Translation Situation)的各个要素,如翻译项目的发起者(Translation Requester),可以是翻译社、企事业单位等,译文使用者(Target Text User),可以是英美游客、某产品的外国使用者等,译者(Translator),翻译目的(某文本翻译需达到的目的)等。这些要素将为翻译项目学习者提供学习情景,同时也是在解决问题、完成翻译项目过程中必须兼顾的因素。

翻译项目载体具备针对性、典型性、实用性、真实性和实效性,使翻译学习者更加容易联系未来目标就业岗位,在完成翻译项目时发挥更大的主动性和积极性进行主动建构。

## 6.2.2 以过程性为导向,引导学生能动建构

在依托真实项目的翻译项目教学中,翻译学习者解决问题的过程同时也是他们主动建构的过程。英国翻译理论家彼得·纽马克提出翻译学要做的是告诉学生所有翻译程序涉及或可能涉及的东西。可见在项目教学中,应以过程为导向,参考资深译员工作过程的典型工作阶段,将项目任务分解为不同的阶段或者环节,让学习者按照工作环节解决翻译问题。

国内外翻译研究已经对翻译的过程进行较多的研究,大体将翻译过程分为三个阶段,即理解(Comprehension)阶段、重新表达(Reformulation)阶段和检查核实(Resting)阶段(牟俊贞、时庆梅,2002.5:62)。但是这种划分具有一定的时代局限性,随着科学技术的发展,网络资源的不断丰富,翻译产业的日益成熟,"三阶段"的划分无法体现 e 时代下翻译工作者的工作环节中某些信息化的元素。例如在完成某公司简介汉译英的项目中,译前查找国内外类似企业的公司简介译文,作为平行本文进行参考,将对翻译项目起到很大的作用。这个环节就没有被归纳在传统的"三阶段"之中。此外,译前对翻译生态的解读,译中翻译决策和网络等资源的使用及译后反思总结,都成了译者翻译过程中重要的环节。如何科学合理地将这些具体内容与传统翻译过程进行整合是翻译项目教学的重点所在。

我院商务英语翻译教学中首创性地将传统译论中的三阶段论和行业资深译者的经验相结合,形成了特色的 PWP 教学模式。PWP 分别代表译前(Pre-translating)、译中(While-translating)和译后(Post-translating)三个阶段。课程的内容组织以课程组自编教材《商务英语翻译实务》中的十三个商务英语翻译项目和 PWP 的翻译过程为两条交叉的主线,将翻译技巧和翻译理论渗透在这两条主线之中。在某一个项目教学中,PWP 项目教学中以过程为导向,让翻译学习者能在翻译学习中针对翻译项目的每个阶段,通过翻译小组成员合作,完成主动建构(见表 6-1)。

表 6-1　PWP教学模式

| 阶　　段 | 任　　务 |
| --- | --- |
| 译前（Pre-translating） | 分析具体翻译项目的翻译目的<br>深度理解源语文本<br>查阅平行文本 |
| 译中（While-translating） | 查阅工具书、网络资料<br>根据翻目的选择适合的翻译技巧和策略<br>将源语转换成目的语文本 |
| 译后（Post-translating） | 按照翻译的标准、译文使用者的语言习惯等检查润色译文<br>反思和总结 |

## 6.2.3　以多样的教学形式，促使学生互动建构

为了促进学生主动建构，教学中利用多种教学形式，如采用工作坊（Workshop）、头脑风暴（Brainstorming）、翻译擂台赛等开展教学。教师是课堂的设计者、组织者、监控者，但不再是课堂的中心。翻译学习者成为课堂的中心，通过合作学习的形式，相互协调、相互沟通，共同完成翻译项目，这充分调动了学生主动建构的积极性。

**（1）翻译工作坊**

翻译工作坊（Workshop）是指类似于商业性的翻译机构，由若干名翻译者共同完成翻译项目的形式。在翻译项目教学中，可以将学生分为5—6人的小组，即虚拟的翻译社，并让各组为自己的翻译社命名。在商务英语翻译实训中，根据真实翻译项目需求的情况，每个小组成员内部进行讨论分工。每组一名同学担任项目经理，负责将翻译项目分解分配给小组各个成员，联络项目需求方，并完成最终交稿。每组中翻译水平相对较好的同学负责后期统稿和审稿。在完成某一翻译项目的过程中，小组成员不仅共同完成了最终的翻译项目译文，且共同讨论、协作，与需求方进行交流。尽管翻译学习者之间已有百科知识、翻译理论知识、翻译技巧、网络搜索能力和沟通方式各不相同，但workshop的形式能够促进翻译学习者就当前的翻译项目进行沟通和学习，促进学习者个体在互动中进行建构。

**（2）头脑风暴**

头脑风暴法（Brainstorming）是一种集体开发创造性思维，集体主动建构的方法。在商务英语翻译课中，可以运用全班或者小组的形式进行相关的教学活动。在翻译项目教学中可以采取这种形式，尽可能激发学生的创造性，尽多地收集同一项目的不同版本的译文，并向学生展示，让全班同学对译文的优劣进行点评，最后共同分析总结和反思。笔者曾使用商号翻译、商标翻译、广告翻译、商品说明书翻译项目进行尝试，都取得了良好的效果。

## 6.2.4　以丰富的教学资源，支持学生主动建构

商务英语翻译项目往往具有一定的专业性，学生在翻译中常常有畏难的情绪，导致不能全身心地投入，进行主动建构。教师在设计项目教学的过程中，可以为项目教学的每个环节或阶段设计和准备丰富的教学资源，对学生的项目学习起到一定作用，同时学生也在完成任务时进行有选择性的学习，利用相关资源进行知识构建。例如在安排学生进行某公司简介翻译项目学习时，教师为学生提供以下资源：①公司简介翻译常用词组列表；②公司简介常用句型列表；③平行文本（如海尔集团中英对照公司简介）等，甚至可以提供专业词汇对照列表。这样就能有效降低学生完成翻译项目的焦虑度，支持学生主动建构。

## 6.2.5　以多元的考核方式，激励学生主动建构

课程的考核方式会很大程度上影响学生学习的导向。因此在项目教学中可采取多元化的考核方式，激励学生主动建构。首先，过程性考核和终结性考核相结合，将学生平时在项目学习中的参与度、个人表现、小组表现都纳入考核范围内，激励积极进行项目学习的主动建构，促使学生重视项目学习过程和小组合作；在终结性考核中体现项目考核的导向，避免学生死记硬背。其次，注意教师评价和同伴评价的结合，让小组间进行项目作业互评，通过互评促进学生进一步反思和总结，主动建构。

### 6.2.6　小结

总之,建构主义的教学观要求教师在教学中重视学生的主体性,以学生为中心,学生是否进行有效的主动建构是评判教学效果的重点。无论从建构主义教学观、项目教学理论还是最新译论来看,在高职商务英语翻译教学中应该开展基于建构主义的项目教学,并且从项目教学内容、过程、教学组织形式、教学资源、考核形式等方面着手,有效地激励和促进翻译学习者的主动建构,使学生尽快掌握满足目标就业岗位的基本商务英语翻译技能。

## 6.3　"商务英语翻译""O2O"混合教学课堂延展研究

要提供给学生更广阔的主动建构的平台,需要有效延展课堂教学,创新教学形式。通过延展课堂教学的流程,重视学生课前课后活动的设计,提高学生的课堂学习效果;通过深化课赛融合,为学生提供更多的展示自己专业能力的平台;通过社团化的课外实训,学生通过翻译业务、翻译工作坊、口译导览等形式,能够充分锻炼自己的专业能力;利用更加丰富的教学媒介,有效利用学生课外碎片化的时间进行学习;依托行业协会,为学生提供更多的翻译实践和了解翻译行业的机会。

### 6.3.1　延展教学流程

我们在教学中发现,课堂 40 分钟的学习是远远不够的,需要设计一系列的课前和课后的活动,把课堂延展为课前、课中和课后三个环节才能充分发掘学生的学习积极性和学习潜力(见图 6-1)。例如,我们在讲授"公司简介翻译"时,课前有目的性地让学生观看课程网站上的微视频,并收集国内外公司简介进行阅读分析,带着初步分析结论来到课堂;课中阶段安排课前活动的回顾,教师对学生的总结进行点评,并引导学生解决本课学习的难点和重点,最后进行总结、项目实训和作业布置;课后阶段要求学生完成必做作业,并选择性地参与观看讲座视频、工作坊、擂台赛等系列活动。教学实践充分证明,学生课前有目的性和指向性的学习大大提高了课堂中的学习效果,课后规定性的必做题保证了学生巩固课堂知识,而开放性的自选活动也让一些优秀的学生有了"用武之地"。

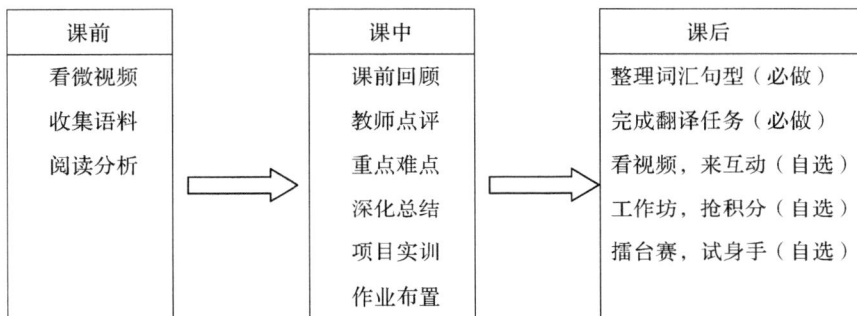

| 课前 | 课中 | 课后 |
|---|---|---|
| 看微视频<br>收集语料<br>阅读分析 | 课前回顾<br>教师点评<br>重点难点<br>深化总结<br>项目实训<br>作业布置 | 整理词汇句型（必做）<br>完成翻译任务（必做）<br>看视频，来互动（自选）<br>工作坊，抢积分（自选）<br>擂台赛，试身手（自选） |

图 6-1　延展教学流程示意图

## 6.3.2　深化课赛融合

结合"商务英语翻译"课堂的需要,组织一系列课内和课外结合、线上和线下结合、各级别的竞赛,为学生提供更多展示个人才能的平台。常规性的竞赛包括:课内开展商务英语翻译词汇竞赛,课外开展中国传统文化词汇竞赛;线上开展每学期1—2两次的翻译擂台赛,线下通过金苑翻译社组织"翻译PK擂台赛""双语诗歌朗诵比赛"。值得一提的是,课程组还组织学生利用翻译理论知识参加各级各类竞赛,如浙江省第二届、第三届、第四届公示语纠错大赛,浙江省第十一届挑战杯大学生课外学术科技作品竞赛（翻译调研类）,浙江金融职业学院挑战杯（翻译调研类）。到目前为止,翻译类省级获奖15项,获奖学生30多人。

### 6.3.3 社团化课外实训

根据"商务英语翻译"课堂教学的特点,课程组自 2008 年以来组织了金苑翻译社和学生大使团,分别侧重笔译和口译。金苑翻译社通过师生共建的形式,帮助学生接触各类的翻译业务,从 2008 年至今,翻译社师生完成 10 多万汉字的翻译业务。翻译社还为学生提供翻译工作坊、翻译沙龙、翻译讲座、社会实践等学习的途径。而学生大使团则协助外事办接待外国友人,用英语讲解校园景点、金融货币博物馆和票据博物馆,为学生提供了大量口译的机会。

### 6.3.4 丰富教学媒介

运用丰富的教学媒介,如网络教学平台、QQ 群、微信群等开展课堂教学,有利于学生通过实时、非实时、线上、线下等多种形式,利用碎片化的时间进行学习、开展师生间或生生间的交流。

### 6.3.5 依托行业协会

"商务英语翻译"课程建设注重依托行业协会,与浙江省翻译协会、杭州市翻译协会、西博公司等保持良好的合作关系,为学生的社会实践、社会服务提供了大量的机会。仅西博公司就为商务英语专业 2010 级、2011 级、2012 级提供多次工学交替机会,截至目前已经为学生提供 1200 天/人的工学交替机会。其中服博会、杭州国际设计节、亚太手工艺展均为典型的涉外性展会,作为线下的隐形和非结构化课程,有效地锻炼了学生的口笔译能力。

### 6.3.6 小结

"商务英语翻译"课堂教学以"学生为主体",通过一系列的教学内容和教学手段的创新,提供学生主动建构的支柱,有效延展课堂教学,基于"互联网+"理念,开展"线上"+"线下"相结合的教学模式,促进学生主动建构,有效地进行知识和技能的内化,从而提升学生的翻译能力、思维能力。

# 6.4　微学习视域下的英语词汇学习效度研究
## ——以 Quizlet 为例

词汇是语言学习的基础。Harmer 提出"如果语言结构形成了语言的骨骼,那么词汇就为之提供了重要的器官和血肉"。如果学生不具备一定的词汇量,听力、阅读无法理解,翻译和写作更是无从下手,英语教学很难顺利展开。因此,词汇信息的输入和输出是英语教学的核心部分。近年来,词汇学习类手机应用程序层出不穷,并以其便携性为移动微学习提供了技术支持,学习者可以随时随地展开碎片化学习。同时此类手机应用结合了词汇习得的理论规律,以科学性的词汇重复率、词汇选择、个性化的学习计划、具体词汇学习策略的运用等帮助学习者提高学习效率,逐渐得到认可和推广。可见基于智能手机应用程序的移动微学习模式近年来逐渐引起广泛关注,是未来词汇学习发展的重要趋势。本研究选择 Quizlet 应用程序为切入点,分析了高职学生在教学中运用手机程序展开英语词汇移动微学习的实践模式,探索"互联网＋"形势下,线下课程教学和线上词汇学习相结合的模式,探索高职学生词汇学习的有效途径。

## 6.4.1　研究问题和方法

研究问题:手机应用辅助的词汇学习相对传统词汇学习的效度研究

研究对象:国际商学院英语 171 班和国商 173 班

研究方法:实验中要求英语 171 班同学在课堂上进行《新进阶高职英语 2》词汇学习,课外自主复习,期间不推荐词汇学习运用,每个单元学习完之后进行课堂单词测试;而国商 173 班同学在课堂上进行《新进阶高职英语 2》词汇学习,老师利用 Quizlet 以单元为单位建立词汇学习集,学生在课后进行自主学习巩固课本上的核心词汇,每单元学习后利用 Quizlet 进行课堂测试。本实验持续 1 个月时间,覆盖一个单元的学习内容。

## 6.4.2　数据分析

**（1）移动微学习和词汇习得的关系**

移动微学习指的是运用移动设备随时随地进行的一种微型学习,适合那些可以利用小块时间进行学习的、非系统化的微内容,是未来语言学习发展的趋势之一。单词本身具有非连续性和小片段性的记忆特点,属于分散的知识点,与移动微学习过程中的学习者注意力高度片段化特点相适应。将词汇学习和移动微学习进行结合与词汇习得的认知理论相吻合,具有坚实的理论基础。首先,移动设备能提供多种形式的词汇信息解码方式,将文本性的词汇学习转化为声音、图像等,实现多模态词汇讲解,这符合 Paivio 的双重编码理论和 Baddeley 的工作记忆理论,更易于单词含义和拼写的记忆。另外,从构建词汇的音—形—义—法的激活扩散网络模型来看,移动终端设备能更好地体现出心理词典的组织形式,帮助学习者在学习过程中构建词汇习得的网络连接关系,从而提高二语学习者词汇习得的效率。从新建构主义的角度来看,词汇教学也适合于采用移动微学习的模式展开。新建构主义强调"教会学生学会选择""构建个性化的网蛛式知识结构"和"采用零存整取式学习策略来整合信息与知识碎片",而通过手机应用程序进行微型学习,一方面能提高学生输入单词信息的频率和碎片化词汇知识积累,另一方面让学生以个人需求为出发点,对学习的内容、时间、方式进行选择,实现知识的重构和创新。

**（2）Quizlet 在教学中的运用**

Quizlet 是一种以创建并学习在线语言词汇卡为核心功能的应用程序,其同样能够在 iOS、Android 及网页运行。Quizlet 的次要功能较少,主要是词汇游戏,词汇的学习呈现方式由学习集的创建者决定,一般包括中英文解释、发音、图片、词性等,词汇的测验方式主要为单词拼写、中英文配对、选择题、判断题。Quizelt 与沪江的不同在于:用户可以自行创建学习集,或搜索他人创建的学习集,自己确定学习内容;教师版可以创建班级,分享学习资源并查看学生完成进度及正确率;提供 Flashcard、Learn、Spell 多种学习模式,让用户自行选择最适合自己的方法,并按自己的节奏去学习。

### (3)数据分析

本次调查共计收到有效问卷 68 份，主要针对学习者在词汇学习中所用的软件和应用使用情况、学习策略、成就感、协作情况等进行分析。

| 名称 | 样本量 | 最小值 | 最大值 | 平均值 | 标准差 | 中位数 |
|---|---|---|---|---|---|---|
| quizlet | 68 | 0.000 | 1.000 | 0.324 | 0.471 | 0.000 |
| 卡片、教材等纸质材料背诵 | 68 | 0.000 | 1.000 | 0.500 | 0.504 | 0.500 |
| 我觉得背诵单词对通过四级和提高英语水平很重要（0分为不感兴趣、5分为很有趣） | 68 | 2.000 | 6.000 | 5.235 | 0.964 | 6.000 |
| 我觉得背诵单词有成就感（0分为完全成就感、5分为很有成就感） | 68 | 1.000 | 6.000 | 4.691 | 1.249 | 5.000 |
| 我背诵单词的过程中我进行了团队合作和竞争（0分为不肯可、5分为非常认可） | 68 | 1.000 | 6.000 | 4.074 | 1.577 | 4.000 |
| 背诵单词的听写或者测试中我很希望自己的成绩比别的同学更好（0分为完全不符合描述、5分非常符合描述） | 68 | 1.000 | 6.000 | 4.926 | 1.250 | 5.000 |

**图 6-2　通过 Quizlet 和卡片、教材等纸质材料学生情感数据分析**

通过图 6-2 数据可见，不管是通过 Quizlet 还是卡片、教材等纸质材料进行单词背诵的学生均高度认可背诵单词对四级通过率和英语水平的提高非常重要，均值为 5.235；在竞争中希望自己比同伴表现更好，有很强的自我实现意识，均值为 4.926；认为背诵单词让自己很有成就感，均值为 4.691；但是学习者对单词背诵中的团队和竞争重视程度不高，均值为 4.074。以上总体数据显示两组学生态度端正，学习动机强，自我实现需求强烈。

| 名称 | 样本量 | 最小值 | 最大值 | 平均值 | 标准差 | 中位数 |
|---|---|---|---|---|---|---|
| quizlet | 68 | 0.000 | 1.000 | 0.324 | 0.471 | 0.000 |
| 利用网络或者app背诵单词并进行分享，这能帮助我获得同学同伴的认可（0分为完全不符合描述、5分非常符合描述） | 68 | 1.000 | 6.000 | 4.147 | 1.499 | 4.000 |
| 利用网络或者app背诵单词后，我觉得自己背单词的兴趣大大提升了。（0分为完全不符合描述、5分非常符合描述） | 68 | 1.000 | 6.000 | 4.147 | 1.396 | 4.000 |
| 利用网络或者app背诵单词后，我觉得自己背单词的信心大大增强了。（0分为完全不符合描述、5分非常符合描述） | 68 | 1.000 | 6.000 | 4.235 | 1.340 | 4.000 |
| 利用网络或者app背诵单词后，我觉得自己背单词的效果大大提升了。（0分为完全不符合描述、5分非常符合描述） | 68 | 1.000 | 6.000 | 4.221 | 1.423 | 4.000 |
| 利用网络或者app背诵单词后，我担心这会挤占我原本通过本文的形式学习词汇的时间，担心单词记忆效率更低（0分为完全不符合描述、5分非常符合描述） | 68 | 1.000 | 6.000 | 3.926 | 1.596 | 4.000 |

**图 6-3　使用网络或者 App 记忆单词效果分析**

本实验对学习使用 Quizlet 之后的学习效果进行测量，主要包含同伴认可、学习兴趣、学习信心、学习策略、学习效果、学习焦虑度进行测量(见图 6-3)。结果发现：学生利用 Quizlet 进行词汇学习之后，认为更能获得同伴认可程度较高(4.147)；学习单词兴趣较高(4.147)；学习单词兴趣增强(4.235)；学习者觉得自己的学习效果得到一定程度的提升(4.221)；但是也有较大程度的焦虑度(3.926)，担心通过 App 背诵的效果不及纸质材料，并挤占了自己的学习时间，因而感到焦虑。

# 6.5 "中国故事"背景下数字故事支持的高职英语教学创新研究

　　故事是人类文明传承、知识传播的一种重要途径。习近平总书记在党的十九大报告中指出，"讲好中国故事，展现真实、立体、全面的中国，提高国家文化软实力"。从外语教学角度来看，这对国学文化融入外语类课程和教材体系提出了要求。在国际化背景下，高职英语学习者国际交流、国际游学的机会越来越多，高职毕业生的未来就业岗位也与跨文化交际有着千丝万缕的联系，因此高职英语学习者也承担着向外国友人"讲述好中国故事，传播好中国声音"的责任和使命。然而目前中国高职教学中与国学文化相关的内容非常少，例如尹青（2018）关于高职英语教材调研结果显示，几本主流高职英语教材中国学文化所占比例为 2.08%—5% 不等（尹青，2018.8:97-102），这从一定程度上弱化了学习者对"中国故事"的传承和传播意识。

　　数字故事（Digital Story-telling）是借助现代技术手段的一种新的故事呈现形式。随着互联网和移动技术的发展，手机、电脑、数码相机的普及，PowerPoint 和录屏软件的出现，博客、微信公众号、课程平台等媒体的流行，使英语教师和学习者有可能通过英语数字故事的形式展示情景会话，讲述身边的故事，表达自己的观点和看法。数字故事也可作为承载英语版"中国故事"的一种理想的形式。因此下文将基于数字故事载体，以"中国故事"为内容，构建英语教学创新模式，并对教学实践效果进行量化分析，以期对高职英语教育中国学文化缺失问题的解决提供借鉴。

## 6.5.1　数字故事研究现状

### （1）数字故事的定义

　　数字故事最早起源于 20 世纪 90 年代，美国人达纳·温斯洛·阿奇利（Dana Winslow Atchley）将老照片运用于电影制作（钱玲、张小叶，2010.8:105）；随后美国休斯敦大学研究团队对运用数字故事促进教学的实践进行了研究,目的是帮助学生使用网络资料和电子工具表达自己的观点;英国早期大规模的数字故事项目是由 BBC 赞助的,旨在收集和分享英国地方历史故事和文化。此后随着数字化故事协会(Digital Story-telling Association)的建立,数字故事的概念和实践被广泛传播,也逐渐受到了教育界的关注。目前国外有高校甚至能提供数字故事的课程和学位,如马利柯帕社区学院(Maricopa Community Colleges)专门开设了数字故事课程,而鲍尔州立大学(Ball State University)则设立了相关的硕士学位。

数字故事是传统的口头故事讲述形式与信息技术手段相结合的一种新型的教学形式。制作者用图片、声音、视频、动画等多媒体技术配合自己个性化的讲解,创建短小精悍、富有意义的数字故事。数字故事能锻炼学生的信息素养、媒体能力、表达能力,提高学生的学习积极性和主动性,增强师生间的互动以及知识共享。本文中所指的数字故事主要是指在教学领域传播师生某个主题或领域的理解或发现的数字故事。

**(2)数字故事的功能**

学习情景设置、学习者之间的合作和互动、学习参与度的提升一直是英语教学的难题,而数字故事在提供英语学习项目载体、创设学习情景、提升学生参与度、促进学生深度学习和培养学生媒体素养方面发挥着积极的作用。

第一,提供项目学习载体。

基于项目的学习(Project-based Learning)是以特定使用者制作作品为目的,借助多种资源,并在一定时间内解决相关联的问题的一种新型的探究性学习模式(刘景福、钟志贤,2002.11:18-22)。数字故事为英语教学提供了良好的项目学习载体。教学活动以项目为主线,如介绍、问路、送别等。传统的英语教学中,这些项目的学习主要通过反复朗读、角色扮演、背诵等来完成。而数字故事支持的英语教学中,为了完成相关主题的数字故事的制作,学习者会主动创设项目的情景进行数字故事制作,如在国外游学时介绍中国传统美食,在校园中送别国外交流生并赠送中国特色礼物等。在项目的驱动下,时间、地点、人物等情景要素完备,随着故事的推进,各种英语表达需求就会在数字故事的制作过程中自然而然地显现,促进学生主动地用英语进行表达。

第二,促进学生深度学习。

深度学习(Deeper Learning)概念源于人工神经网络的研究,而在教育领域指的是学习者"批判性"地学习新知识和新技能，并进行融会贯通，将已有知识运用在新的情境中，做出决策和解决问题的学习（何玲、黎加厚，2005.5：29-30）。首先，在英语数字故事制作中，学生需要以小组合作的形式，讨论确定项目主题、项目情景、内容要点等，并进行分工协作，充分锻炼了学生项目管理、团队合作能力和沟通能力。随后，小组学生需要针对某个项目主题，如介绍中国新年习俗，进行网络搜索，阅读相关信息，进行分析整合，利用思维导图仔细梳理需要的信息，这将学生的信息搜索能力、批判性思维能力、阅读分析能力、总结归纳能力等充分地调动起来。最后，制作台本的阶段需要学生用创新型的思维思考如何将已有信息个性化、可视化地展现给观众。因此英语数字故事制作的过程也是以英语为工具，全面调动学生各种发展性的能力，进行深度学习的过程。

第三，培养学生媒体素养。

媒体素养（Media Literacy）是学生对各种媒介信息的选择能力（Ability to Choose）、理解能力（Ability to Understand）、质疑能力（Ability to Question）、评估能力（Ability to Evaluate）、创造和生产能力（Ability to Produce and Create）、思辨的反映能力（Ability to Respond Thoughtfully）（郑晓燕，2011.11：227）。在英语数字故事的制作过程中，学生通过自己对各种媒体的感受力和理解力选择适合的媒体种类，呈现自己想表现的概念；在制作过程中，能对媒体的表现力提出质疑，对媒体给观众带来的共鸣感进行一定的预测和评价；而英语数字故事的编剧中则需要学生发挥自己的创造性，将故事艺术性、作品化地展现出来。

## 6.5.2　基于数字故事的"中国故事"英语教学创新研究

### (1)教学模式

笔者结合高职英语学习者的特点，创新性地构建了如下数字故事支持的英语模式。如图 6-4 所示，该模式分为课前、课中、课后三个环节，基于项目载体的英语数字故事，依托微信公众号、QQ、课程平台等开展多模态的教学。第一阶段，课前教师通过微信公众号上传课程相关的英语数字故事视频，学生自主预习这些由教师和往届学生制作的视频；第二阶段，课中教师指导学生学习课程,并组织学生围绕本课内容确定各组数字故事的项目主题;第三阶段,课后学生以小组为单位自主进行资料收集、合作学习、讨论研读,并在此基础上编写英语数字故事的脚本,收集所需要的多模态素材,最后以小组为单位完成数字故事的情景拍摄和电脑制作合成;在作品完成后,教师组织学生通过网络平台或者微信分享数字故事,开展教师评价和同伴互评,根据评价情况评出优秀作品,并进行展示。最后,教师在课上组织学生进行反思总结,并对相关语言点进行测试。这种模式基于多模态教学,以英语数字化故事为支持,最大特点是项目化、多模态、以学生为中心。

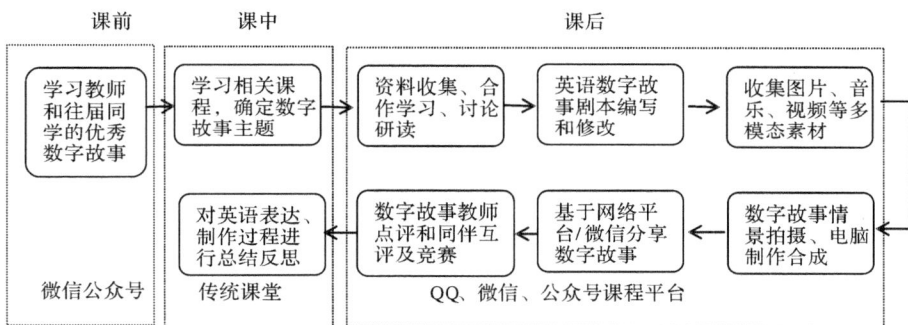

**图 6-4 英语数字故事教学模式**

### (2)教学实践

本实验受试者为高职院校二年级英语学习者,共计 52 人,学生基本具备大学英语四级水平。实验中,教师将国学文化作为"基础英语"课程中英语学习拓展模块,开展数字故事支持的英语创新教学实践。

第一,课程计划和任务的发布。

在上课之前,发布国学文化模块课程学习计划,并告知学习者本模块学习的目标是培养学习者与国学文化主题相关的跨文化交际能力;课堂教学时长为 4 课时,课外自主学习时长为 3—4 周。本模块要求学生完成项目作业,即 2 人组 3 分钟表达英语数字故事,数字故事成绩将计入本学期课程总成绩。

第二,课程设计和课程实施。

**第一阶段:课前**

课前教师开设"国学文化模块学习"的专用微信公众号。围绕学生们熟悉的中国新年主题,将教师自制的介绍性数字故事、网络上的创意视频以及往届学生的优秀对话视频上传到微信平台,分享给学生预习。这个环节使学生对介绍类、创意类和对话类的英语数字故事有了一定的了解,激活学生相关的新年主题词汇,激发学生学习兴趣。

**第二阶段:课中**

课上教师准备一套关于中国新年词汇的卡片,通过"你说我猜"或者"你演我猜"的游戏活动,让学生复习与中国新年相关的英语词汇。接着要求同学 2 人一组用英语进行关于中国新年的对话或者介绍,并进行小组展示。教师和同学在课内对小组展示进行点评。最后让同学每 2 人一组自主选择关于国学文化的主题,并在课后 3—4 周内完成英语数字故事。同时提供简单的录屏软件 Fcapture、爱剪辑等的下载以及使用方法说明的链接。

**第三阶段:课后**

第一周要求小组同学一起围绕项目主题,查找图书资料和网络资料,并进行讨论研读,完成英语数字故事剧本编写和修改。

第二周要求同学根据脚本的创意收集音频、视频、图片、动画等,或者寻找适合的场景进行拍摄,最后合成英语数字故事。前两周教师要求每个小组在课后完成工作日志记录每天的收获和各自完成的任务,教师定期给学生个性化的指导,特别是脚本和数字故事定稿环节。

第三周教师将各组的英语数字故事上传到微信平台,请同学和老师进行评价,进行在线投票评奖。

第四周教师组织学生在课堂上进行颁奖、点评、播放获奖作品,并对国学文化相关的英语表达,以及数字故事制作过程进行总结反思。

**(3)结果分析**

本教学实验结束后,笔者围绕学习者内部动机、外部动机、自我效能和自我焦虑角度对参与者进行了问卷调查。本次调查收回问卷 52 份,均为有效问卷。

第一,内部动机。

内部动机(Intrinsic Motivation)是指英语学习者对英语学习过程本身产生兴趣,受到兴趣或者愿望的驱动,并在该行为中得到满足(杜福兴,2003.4:51-54)。问卷结果如表 6-2 所示,70％—80％的学习者对英语数字故事的趣味性和成就感高于 3 分,且均值都在 4 分以上。可见,国学文化主题贴近学习者真实生活,自选主题的方式也可以提高学生兴趣。此外,多模态、项目化、可视化、作品化的英语数字故事,对提升学生英语学习兴趣和成就感也非常有效。

表6-2 数字故事制作内部动机相关数据

| 题目 | 均值 | 是否符合情况(完全不符合 0,完全符合 5) | | | | | |
|---|---|---|---|---|---|---|---|
| | | 0 | 1 | 2 | 3 | 4 | 5 |
| 1.我觉得制作数字故事很有趣。 | 4.03 | 5.66% | 3.77% | 15.09% | 43.4% | 20.75% | 11.32% |
| 2.我觉得制作数字故事很有成就感。 | 4.57 | 3.77% | 1.89% | 11.32% | 33.96% | 15.09% | 33.96% |

第二,外部动机。

外部动机(Extrinsic Motivation)是指英语学习者开展学习活动完全是为了获得该行为以外的某种刺激、反馈或者奖励,比如通过考试(杜福兴,2003.4:51-54)。表6-3数据显示,大部分同学都希望在数字故事制作中表现突出,受到同伴的认可,且均值都在4以上,这说明大大提高了学生的参与程度;此外,大部分学生都意识到了本学习活动与英语考试得分(均值4.24)的关联性,以及国学文化英语表述本身的重要性(均值4.85),这说明在以国学文化为主题的英语数字故事活动中,学习意义的说明、考核方式的设计、合作学习和同伴互评的设计都会对英语学习产生一定的外部动力,推动学生进行英语学习。

表6-3 数字故事制作内部动机相关数据

| 题目 | 均值 | 是否符合情况(完全不符合 0,完全符合 5) | | | | | |
|---|---|---|---|---|---|---|---|
| | | 0 | 1 | 2 | 3 | 4 | 5 |
| 3.制作数字故事时,我很希望能比别的同学表现得更好。 | 4.66 | 3.77% | 3.77% | 5.66% | 24.53% | 33.96% | 28.3% |
| 4.制作数字故事能帮助我获得同伴的认可。 | 4.03 | 1.89% | 3.77% | 22.64% | 33.96% | 15.09% | 22.64% |
| 5.制作数字故事能帮助我在英语考试中获得高分。 | 4.24 | 5.66% | 3.77% | 16.98% | 41.51% | 18.87% | 13.32% |

续　表

| 题目 | 均值 | 是否符合情况（完全不符合 0，完全符合 5） | | | | | |
|---|---|---|---|---|---|---|---|
| | | 0 | 1 | 2 | 3 | 4 | 5 |
| 6.制作数字故事时，我觉得学习国学文化的英文表述非常重要。 | 4.85 | 3.77％ | 0％ | 11.32％ | 16.98％ | 28.3％ | 39.62％ |

第三,自我效能和自我焦虑。

自我效能(Self-efficacy)是指学习者对自己英语水平所能达到的程度的预期(秦晓晴、文秋芳,2002,1:51-58)。表 6-4 显示参加本教学实验的学习者对用英语表达国学文化词汇充满信心(均值 3.72),学生通过学习日志记录学习过程,可以评价自我努力程度;通过观看同伴作品,获得同伴的反馈,来反思自己的学习情况。通过视频的共享,学生会因为关注其他小组对自己评价,担心自己在竞赛中表现不佳,有适度的焦虑感(均值 3.75),这种适度的焦虑感也会成为学生学习的动力。

表 6-4　数字故事制作自我效能和自我焦虑相关数据

| 题目 | 均值 | 是否符合情况（完全不符合 0，完全符合 5） | | | | | |
|---|---|---|---|---|---|---|---|
| | | 0 | 1 | 2 | 3 | 4 | 5 |
| 7.通过制作数字故事,我对用英语表达国学文化词汇充满信心。 | 3.72 | 5.66％ | 3.77％ | 28.3％ | 37.74％ | 9.43％ | 11.32％ |
| 8.制作数字故事时,我担心自己的表现会不如别的同学。 | 3.75 | 5.66％ | 11.32％ | 18.87％ | 37.74％ | 18.87％ | 7.55％ |

## 6.5.3　小结

数字故事作为一种新型的教学方法,能够提升学生英语学习的内部动机、外部动机、自我效能。在"中国故事"背景下,数字故事能解决目前英语教学国学文化缺失的问题,是把培养民族自豪感和提高英语水平结合的理想途径。"中国故事"背景下数字故事支持的高职英语教学创新作为一种尝试,给高职外语教师提出了新的要求。第一,需要外语教师提升自身的文化意识和语言能力,需要认识到将中国文化传承渗透在课程体系和课程内容中的重要性,并提升表达国学文化关键词的英语表达能力;第二,需要提升教师的教学管理和设计能力,如数字故事主题选择要适合学生探究、展示和符合学生的兴趣;计划设计和制定需要考虑小组成员的自我管理和约束;评价考核可适度引入社会评价和家长评价;第三,需要进一步加强教师的媒体素养,数字故事的制作和传播需要教师了解国内外最新数字故事制作软件和方法,有选择性地引导学生。

# 6.6  基于自主学习的翻译工具教学研究

传统的翻译工具仅仅指笔、墨、纸和工具书。然而随着计算机和网络技术的飞速发展以及整个社会的信息化和数字化,网络和计算机也成了必不可少的翻译工具,翻译工具和技术在翻译实践中越来越凸显出其现实意义。正如王克非(2004)先生所言:"在语料库、网络日益发达和完善的今天,我们的口笔译教学和培训,将不可避免地要使用新的工具和技术,谁先迈出一步,谁就占据前沿,谁就能够获得创新的资源。"而传统的基础翻译教学中对翻译工具的使用没给予足够的重视,翻译教材大多数没有提及如何使用翻译工具。因此,我们必须将翻译工具的使用融入翻译教学,以适应信息化和网络化的潮流。

自主学习观是在对传统学习理论进行反思和批判的基础上提出的,具有科学性、主体性、创新性等特点。翻译工具的使用必须通过学生自主学习、自主使用才能有效发挥其优势,提高学生的积极性和主动性,提高学生完成翻译任务的能力。另一方面,有了翻译工具的帮助和教师的引导,学生在解决翻译任务的自主学习过程中的自信度大大提高,职业能力得到更大程度的锻炼。

## 6.6.1  自主学习理念与翻译教学

Little 认为,自主学习是"一种批判性思考、决策及独立行动的能力,是学习者把握自己学习的能力"。换句话说，就是指"学生能够指导、控制、调节自己学习行为的能力与习惯"（周炎根、桑青松，2007：100）。自主学习的核心是培养学习者独立解决问题的能力（刘晓宁，2007：52）。以弗拉维尔为代表的认知建构主义学派认为自主学习实际上是元认知监控的学习，是学生根据自己的学习能力、学习任务的要求，积极主动地调整学习策略和努力程度的过程。

现在翻译教学中越来越注重"授之以渔"而不是"授之以鱼"，即注重学生翻译能力的提高。这就要求翻译教学中提供给学生更多的机会自主完成翻译任务，尊重学生的主体性、独立性和创新性。尊重学生的主体性，即贯彻"以学习者为中心"的教育思想，强调教师在自主学习中不再是翻译知识的传授者和灌输者，而是翻译任务的设计者、参与者和使用翻译工具的引导者。尊重学生的独立性，即自主学习把学习建立在人的独立性方面，要求学生在完成翻译任务时摆脱对教师的依赖，灵活有效地使用翻译工具和小组讨论，分析和完成翻译任务。尊重学生的创新性，即学习者能独立、自主、开放性地学习，完成翻译任务时勤于思考，善于尝试多种译法，根据翻译任务的实际情况合理使用翻译工具，创造性地解决完成翻译任务时出现的问题。

## 6.6.2 翻译工具的种类

对于翻译工具的种类，目前学术界没有定论。一般认为，翻译工具可以分为传统工具和电子工具。传统工具主要是指笔、墨、纸和工具书。工具书包括不同种类的词典、语法书、百科全书等。以英汉互译为例，使用的传统工具书有英汉词典、汉英词典、分类词典、专业词典、语法书、百科全书等。

Frank Austermühl（2006）将翻译的电子工具分类为万维网（含搜索引擎、网络资源）、CD-ROM上的翻译资源、计算机辅助的术语管理、作为翻译工具的语料库、本土化的工具和机器翻译。根据王涛（2008）的分类，电子工具可以分为计算机辅助翻译工具、机器翻译工具、一般工具和电子资源。计算机辅助翻译工具带有翻译记忆系统、术语对齐系统等；机器翻译工具包括家用机器翻译系统、网页机器翻译系统、在线机器翻译服务等；一般工具是指虽然不是为了翻译工作者专门设计，但却是翻译工作者每天、经常或偶尔需要使用的软件。电子资源主要细分为电子词典、电子百科全书、单语语料库、平行语料库、翻译语料库、万维网语料库。

## 6.6.3　教学案例

如果能在翻译教学中引导学生自主使用一些基本的翻译工具,如传统的工具书、万维网的搜索引擎和网络资源以及简单的翻译语料库,不仅能提高翻译效率,也能在一定程度上提高学生完成翻译任务的能力。

以下面这个金融文本的翻译任务为例,翻译工具对学生自主完成翻译任务的辅助作用主要体现在下面几个方面:

任务:

"Sovereign wealth fund", is a descriptive term for a separate pool of government -owned or government -controlled financial assets that includes some international assets. The emergence of these funds as a topic of public discourse reflects multiple trends in the world economy. SWFs take many forms and are designed to achieve a variety of economic and financial objectives.

译文:

主权财富基金是指政府拥有或政府控制的金融资产,其中包括部分全球资产。目前大家对这个基金的讨论表明了全球经济的多元化趋势。主权财富基金形式多样,但目标只有一个,那就是获取各种经济和金融收益。

第一,提供语言帮助。

对不熟悉的英语单词,学生可以通过查纸质字典、电子字典或者网上在线字典,确定生词的意思。这个过程中,学生需要通过上下文确定最符合的词条。

第二,规范术语。

翻译任务中出现的主要术语是SWF,应该译成"主权财富资金"还是"主权财富基金"呢? 通过Google搜索引擎,可以查找到这个术语的规范译法应该是"主权财富基金"。

第三,介绍背景。

这段金融文本是对SWF的介绍。由于这个概念相对比较新,可通过网络的搜索,获得关于主权财富基金的中英文背景知识,帮助理解这段文本。

第四,提供平行文本。

搜索网络上关于主权财富基金的汉语文本,在用词、文体上可以参考平行文本。如果经常翻译金融文本,可以将遇到的一些固定的译法和新词的翻译进行一定的整理,形成一个自建的微型语料库,方便自己翻译时搜索。

可见,翻译工具的使用是完成翻译任务时必不可少的环节,也是翻译能力的一个重要部分。而翻译工具的使用本身有一定的技巧性,在翻译实践中,很多情况下是译者独立使用翻译工具完成翻译任务的,因此很有必要在翻译教学中引导学生自主使用翻译工具。而翻译工具的使用降低了学生对教师的依赖性,更加有助于学生自主地完成翻译任务,从而提高学生的翻译能力。

## 6.6.4 教学组织

为了方便翻译教师推荐、展示翻译工具,示范翻译工具的使用技巧,这部分的翻译教学需要在多媒体和网络的环境下开展。这样学生也可以在教师的引导下现场操作。

灵活的课堂教学组织形式有利于学生在宽松的气氛中发挥自己的能动性。可以使用3—5人一组的工作坊(Workshop)的形式组织课堂教学。我们可以将30人的一个班级分为10个小组,每组负责一定的翻译任务:

第一组　翻译商标商号(英译中)

第二组　翻译商务名片(中译英)

第三组　翻译广告(中译英)

第四组　翻译商品说明书(中译英)

第五组　翻译公司简介(中译英)

第六组　翻译订单函(英译中)

第七组　翻译询盘函(英译中)

第八组　翻译菜谱(中译英)

第九组　翻译西湖十景(中译英)(知识链接增加一个著名景点)

第十组　翻译信用证

每个小组负责用幻灯片就这个翻译任务的完成过程,特别是如何使用翻译工具向全班进行展示;每个小组也负责向全班同学提供一些相应的平行文本;每个小组将自己负责的这个主题的常用词汇建成一个微型的专题语料库。最后每组的平行文本和专题语料库放在翻译课程的网站上,供班级同学共享。

课外教师可以在翻译课程的网站的论坛上组织学生进行讨论,让学生分享使用翻译工具的心得。教师还可以设计一些比较有难度的任务,让学生比赛谁最科学有效地使用了翻译工具。

教师不再是课堂的中心,但教师仍然是课堂的设计者、组织者、监控者。任务的设计如何涵盖多种翻译工具的使用、如何鼓励学生积极参加论坛的讨论等成为翻译教师要思考的新问题。

## 6.6.5 教学内容

教学内容的设计以任务为导向,选取强调实用性,如翻译商标商号、翻译商务名片、翻译广告、翻译商品说明书等。任务明确,难度适合、实用性强的任务,能够提高学生使用翻译工具完成翻译任务的积极性和自主性。

教学内容的安排注意专题和过程性教学性结合。为了突出翻译工具使用的重要性,在理论课时中专设几个课时为专题的翻译工具使用介绍和操练。除了专题的翻译工具使用介绍和操练之外,在此后的翻译教学中进一步渗透翻译工具使用的教学和练习。在翻译实践环节中,增加学生课内、课外练习量,通过推介学生使用翻译工具,提高学生使用翻译工具完成翻译任务的能力;同时,不断使学生通过练习养成使用翻译工具的习惯。

此外,相关教学内容应该尽量具体化,辅以相应的案例,切忌抽象,例如:

例1:据说宋朝名将宗泽是金华火腿的祖师爷。

学生通过字典、网络、手机查了名将的译法是"famous general"或者"great solider"。教师可以引导学生,如何选择适合的译文。有学生马上上网查询,宗泽是宋朝时期的副将,最后选择用"famous general"。因此翻译时可以使用网络等资源的背景知识辅助翻译。

例2:您可以乘扶梯下去……

有的学生查汉英字典,发现"扶梯"可以译为"ladder"或者"staircase"。通过上下文可以知道,这里所指的扶梯应该是"电动扶梯"或者"自动扶梯",再用汉英字典或者金山词霸查找,恰当的词应该是"escalator"。因此查字典时应该通过上下文的意思,而不是死抠原文的个别字词。

## 6.6.6　考核形式

对学生使用翻译工具的相关考核注意形成性和终结性的结合,课内与课外的结合。考核可以将学生使用翻译工具的习惯、小组提供的幻灯片展示、平行文本、专题微型语料库、论坛讨论的参与情况记入学生的成绩。

如何在考核中涵盖翻译工具使用能力的考核是个难题。下面是笔者的初步尝试。期末考核成绩中专设 10% 为翻译工具使用能力分。让每组学生完成两个实际的翻译任务,每组学生拿到的任务各不相同。两个任务均要求学生在课外完成,完成时间均为两周。要求学生在完成一个翻译任务之后注明。

利用大学英语课堂培养与构筑学生和谐人际关系。大学英语拥有丰富的文字资源、音像资源、实物资源和人物资源。这些课程资源为发展学生人际关系提供广阔的活动空间。充分利用课程资源,按照课程倡导的主动、探究、合作的学习方式,把知识能力和情感教育有机地结合起来,给学生们创造多种形式和机会,使他们拥有自主学习的空间,通过观察、思考、质疑、讨论、实践、收集资料等方法,在探究、体验中获得知识、巩固知识,加强了情感教育,培养了学生的人际关系。在大学英语课堂教学中可利用教材的各个要素、结合课程特点尝试采用下述方法:①利用教材中的图片开展合作讨论,构筑和谐人际关系。英语教材多数配置有音像、图像系统,学生利用这些图片发挥他们的想象力,在教师的帮助下展开讨论、问答,在知识的学习过程中进行人际交流。这在一定程度上降低了学习难度,减少了学生的"畏惧"心理,提高了他们的学习信心。②利用小组合作阅读,构筑和谐人际关系。小组成员以问题辩论形式对文章展开讨论,同时就课文互相提问并回答。在课程中利用这一教学方法,使学生把那些通过自己的阅读理解就能掌握的知识,通过相互讲述、修正和归纳,在不断相互完善中吸收。同时也使学生在互动中实现课程目标,积极发展人际关系,在较为和谐的课堂环境中完成学习。③担任角色,构筑和谐人际关系。学习语言的目的是应用,所以在语言学习过程中让学生学会与人交流,与人合作,不仅是语言学习的有效途径,而且是开发人际关系智能的好机会。教学中的角色游戏就是很好的合作,有助于培养学生的交际能力,让学生充分认识语言的不可预测性。它没有实际交际中的压力,妙趣横生,有助于学生建立日后进行实际交际的信心。

## 6.6.7 小结

总之,在教学中我们必须结合英语范文培养学生和谐的人际关系。首先,帮助学生树立正确的人生观和价值观,引导他们正确对待自己和他人,培养他们掌握一定的交际原则和技巧,克服认知偏见,战胜自卑、羞怯,从而引导他们搞好人际关系。其次,在英语课堂活动中使他们学会与人交往,学会合作与公平竞争,建立正常的人际关系,从而培养他们的社会适应能力,使他们在今后工作与生活中能更好地与他人相处。最后,也是最重要的一点,我们教师要对课堂教学进行系统思考、整体改革。在课堂教学中,教师要给学生提供展示才能的机会和广阔空间,让学生敢于向老师、同学甚至陌生人展现自己,使学生有一种良好的闯劲,形成良好的心理素质;还要让学生学会在展示自己的同时,也能赏识别人的才能;在表达自己的思想的同时,学会倾听他人的意见;在学会竞争的同时,学会与他人合作。简单地说,就是要通过师生间的交往互动,促使学生勇敢地展示自己的才能,愉快地与别人友好相处,从而在英语教学中实现培养学生和谐的人际关系的目的。

# 7  总  结

本项目研究通过一系列的"线上线下"商务英语翻译课程群"O2O""线上线下"一体化教学模式创新研究发现：

从学生层面：

①需要掌握学生互联网学习习惯，根据学生的兴趣，不断让学生进行商务英语学习；

②习惯的养成非常重要，可以通过线上和线下教学设计和活动设计，让学生形成良好的语言学习习惯，如课前复习，课后预习，定期背诵单词阅读等；

③需要培养学生良好"互联网＋"的学习策略，能运用互联网工具进行跨文化交际，进行语言学习，完成目标岗位的工作任务。

从教师层面：

①将语言教学理论、专业理论和"互联网＋"的教学手段深度融合，洞见"互联网＋"教学手段的最佳运用形式和一些 App 的优缺点；

②注重商务英语翻译各种技能之间的衔接、知识颗粒大小以及最适合的线上与线下一体化教学的方式。

从专业层面：

①需要不断更新岗位职业能力和岗位工作任务的调查，了解行业最新动态；

②科学地构建商务英语专业课程群，并且明确"互联网＋"背景下的空白领域的覆盖和课程归属。

# 附录：英语教学中常用软件/应用

## Duolingo

多邻国（Duolingo）是全球最受欢迎的外语学习神器，是唯一一款被 App Store 评为年度最佳 App 的教育类应用。遥遥领先的最佳免费语言学习 App。——《华尔街日报》

①完全免费学习英语，没有广告或隐藏消费。

②好玩到上瘾，玩儿着学英语！升等级、长经验、不掉血、秀服装，各种游戏体验激发斗志，根本停不下来。

③研究证实科学有效：使用多邻国学习 34 小时所达到的语言水平相当于一个学期的大学语言课程。可以通过多邻国直接学习英语与西班牙语，如果你已经掌握一定基础的英语，也可以通过多邻国使用英语学习法语、德语、意大利语、葡萄牙语、荷兰语、世界语（Esperanto）等其他语言。

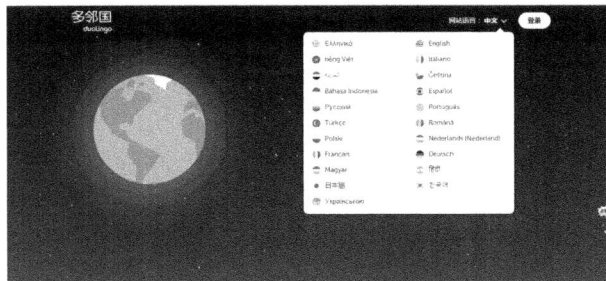

# Hello Talk

在你所在城市或全世界找到语言学习伙伴。

＊ 通过文字和语音方式的语言交换，和语言学习伙伴互相帮助，共同学习外国语。

＊ 给他们发照片，和他们分享你的爱好、宠物、你喜欢的食物、你的生活等。

最好的外语学习方法，就是直接和外国人对话。如果你在学习英语，最好是能找到母语是英语，但同时在学习中文的朋友。Hello Talk 是为了协助你找到语言学习伙伴而诞生的、全世界第一款语言学习社交应用。

Hello Talk 有独特的语音和文字语言交换模式：

＊ 先说 5 分钟中文（帮助你的伙伴学中文），再说 5 分钟英语（你的伙伴帮助你）。

＊ 用中文和英语分别交流 500 个字或字母。

＊ Hello Talk 自动计算每种语言的时间或字数，确保公平和愉快的语言交换。

语言学习爱好者，还在等什么呢？

赶快去和全世界的语言学习伙伴打招呼吧！

# italki

italki 是目前全球最大的在线语言学习社区平台之一，由美国和中国的投资人共同发起创立。全球已有 100 多万学习各种语言的用户和 1000 多位来自 200 多个国家的语言教师。

italki 有来自全球 200 多个国家的 1000 多位外教，用 Skype 在线一对一教授语言课程，涵盖 100 多种语言。教师分为专业教师和社区辅导教师两种。专业教师全部持有专业教师资格证书，有的甚至是国外本地大学的语言学教授，并具有相应的专业教学经验。社区辅导老师以辅导和练习口语为主，相对专业老师收费较为便宜。

语言交换：会员可以通过语言学习需求，搜索外国会员结成语言交换伙伴，和来自母语国家的会员交流练习，通过操练来获得流利、地道的语言技能，并扩大国际社交网络。

问答：会员可以在问答版发布和语言学习相关的问题，其他会员（特别是母语国家会员）就目标语言问题免费解答，同时任何会员都可以回答其他会员提出的学习相关的问题。

修改小作文：会员可以把习作发布到这个版面，其他会员（特别是来自母语国家的会员）会帮助修改，以提高写作水平，同时任何会员都可以帮助修改其他会员的语言习作。

## SoundCloud

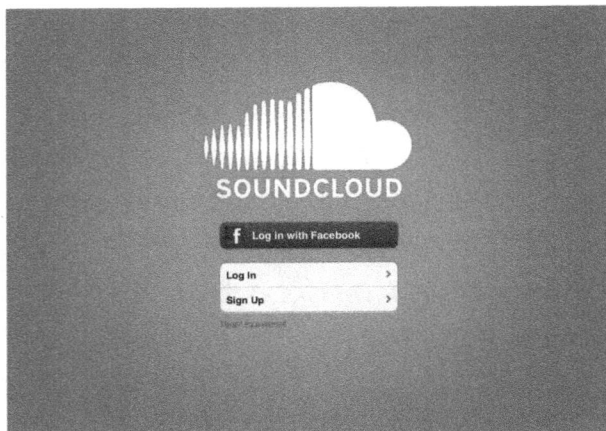

  SoundCloud 是一家德国网站，提供音乐分享社区服务，成长很快，Alexa
世界排名已达第 198 位。你可以在线录制或上传任何声音到 SoundCloud 与
大家分享，支持 AIFF、WAVE、FLAC、OGG、MP2、MP3、AAC 音频格式，可
在线上传，也可以通过软件客户端来上传音乐文件，没有文件大小限制，但免
费版限制上传音频总长不可超过 2 个小时播放时长，每首歌曲限最多 100 次
下载。SoundCloud 允许音乐通过 Flash 播放器方式嵌入网页中。

# Quizlet

Quizlet 的创建人是安德鲁·苏特兰德（Andrew Sutherland），创建这款应用时，他还是一名高中二年级的学生。Quizlet 可以让用户非常容易地创建和归类在线记忆卡，而且还有诸多模型，能够测试用户的知识储备状况，Quizlet 免费供用户使用，可以在网页、iOS 和 Android 等设备上使用。

为何使用 Quizlet 学习模式？它会建立一份学习计划，建议你何时该学习什么内容，为你省去猜测的时间。同时让你见证自己的进步，获得贴心的学习提醒，并透过短而有效率的学习单元稳健前进。学习模式采用的 Quizlet 全新学习辅助平台，使用数百万个匿名学习单元的资料，再加上经过认知科学验证的巧思。

学习模式采用 Quizlet 学习辅助平台。Quizlet 学习模式采用的学习辅助平台，使用机器学习来处理数百万个匿名学习单元的资料，再将资料与来自认知科学的技术加以结合。了解人们真正的学习方式后，这个强大的平台只让学生看到他们必须学习的内容，因而将学习变得有效果、有效率，同时充满了乐趣。

# Hooked on words

定时模式：玩家可以获得 2 分钟和无限的字母磁贴，形成尽可能多的单词。

折叠模式：尝试清除主板，并保持您的字母磁贴计数尽可能低，因为新字母下降，使它的速度越来越快。

拼接模式：静态 6×7 板，玩家有 2 分钟的时间找到尽可能多的单词.

功能一览：①4 种游戏模式；②通用应用程序与显示到新的 iPad；③跨多个设备的安全放大保存游戏和结果；④结果系统会跟踪你最好的单词和分数。

# Flipgrid

Flipgrid 是世界各地的博士生教育工作者、学生和家庭使用的领先视频讨论平台。教师发布主题来激发对话,学生用简短的视频进行响应。

然后按照这 3 个简单的步骤开始讨论。

①将其命名,并进行安全设置。只有那些具有网格 url 的人才能找到你的网格。

②添加主题:也就是你的学生讨论的问题或主题。至少需要 1 个主题才能开始,比如课堂介绍等。而你可以在一年内添加无限量主题。

③分享给学生:学生不需要在 Flipgrid 上创建账户。只需共享链接供学生在 mac 或 pc 上轻松访问。使用移动设备的学生使用免费的 Flipgrid 应用程序访问你的 Flipgrid。

# BOXFiSH

　　BOXFiSH 是一家互联网教育公司,开发了一套同学们喜欢的方式学英语,并提供内容永久免费的课程,得到了包括北京所有中学和全国 20 个省排名第一的学校在内的众多老师的喜爱和支持,现在已进入全国 10000＋所中学使用。

　　2016 年 6 月 26 日,NBA 华裔球星林书豪出席 BOXFiSH7.0 新版发布会,作为 BOXFiSH 首席外教,林书豪成为新版上线后首位外教,在北京五棵松乐视体育生态中心,现场连线北达资源中学学生,与在场 700 多名观众共同见证了这个不可思议在线课堂的开课仪式。

# Instagram

　　Instagram（照片墙）是一款运行在移动端上的社交应用，以一种快速、美妙和有趣的方式将你随时抓拍下的图片分享给彼此。2012 年 4 月 10 日，Facebook 宣布以 10 亿美元收购 Instagram。2012 年 10 月 25 日，Facebook 最终以总值 7.15 亿美元收购 Instagram。2012 年 12 月，Facebook 旗下的图片共享服务 Instagram 因其使用图片共享服务的新条款而在互联网上引起轩然大波，Instagram 对此进行了澄清，称不会在广告中使用或销售用户的照片，从而打消了用户的顾虑。北京时间 2013 年 10 月 22 日，诺基亚宣布 Instagram 将会入驻 Windows Phone 市场，11 月 21 日 Instagram 正式登陆 Windows Phone 8 平台。

# 可可英语

可可英语是一个知名英语学习网站,同时也是一款英语学习 App 应用,由北京可可网络科技有限公司开发和运营,自 2014 年上线以来五星好评如潮,长期雄霸英语类 App 榜首,丰富贴心的功能可以满足英语听力口语训练、背单词和英语考试等方面的学习需求,英语听说读训练必备。常用功能有:

①英文广播:VOA 慢速、VOA 常速、BBC、CNN、NPR、CRI、AP news、ABC、科学美国人;

②影视音乐:欧美电影原声、美剧原声、英剧原声、热门英文歌曲、听歌学英语;

③英语听力:入门听力、实战听力、美文欣赏、英文演讲、有声读物、TED 公开课、纪录片;

④英语口语:音标发音、生活口语、商务口语、旅游口语、金融口语、法律口语、医疗口语;

⑤英语考试:英语四级、六级、翻译、BEC、专四专八、SAT、雅思、托福、GRE;

⑥新概念英语:新概念第一册、第二册、第三册、第四册 MP3＋视频课程＋学习笔记;

⑦双语阅读:时事、教育、趣图、职场、体育、科技、娱乐、社会、经济、健康、故事等栏目。

# 英语流利说

"英语流利说"是一款融合创新口语教学理念和尖端语音评估技术的英语口语学习应用,让你"忍不住开口说英语",帮你真正摆脱"哑巴英语"! 每日推送的地道美语对话,来自硅谷的实时语音评分技术,好玩上瘾的对话闯关游戏,让你轻轻松松练口语,不知不觉"流利说"。App Store 总榜排名第二,教育类 App 排名第一,教育类 App 新品推荐第一。

系统的内容编排:想提高口语,不知从何入手? 流利说为你每日推送经过系统编排的地道美语对话,只要每天跟随练习,就能在不知不觉中提高英语口语水平,攻克"开口"难关。

个性化口语私教:身边没有老师,不知道说得好不好? 流利说内置来自硅谷的最新语音评估技术,给你的英语口语实时打分,无须联网照样识别。有了流利说,贴身英语私教跟你走!

全新的产品体验:传统的学习方法好枯燥,不能坚持? 流利说让你一边玩闯关游戏,一边练习英语口语;一边和各路学友飙积分,一边修炼提升进阶。原来练口语可以这么轻松好玩!

创新的教学方法:词汇听力都不错,还是不会说? 流利说采用创新的英语口语教学理念,直接从真实对话入手,带动词汇、语法、听力等其他能力的全面提升,帮助用户真正解决在各类实际对话场景中说什么话题、怎么说的问题。

自由的练习时间:工作学习太忙,没有大块时间练习? 流利说专门为忙碌的"移动一族"打造模块化的内容设计,几分钟就可以完成一次练习,方便忙碌的你随时随地利用碎片时间练习口语。

丰富的学习素材:找不到适合自己兴趣和水平的练习材料? 流利说的对话内容覆盖生活、商务、职场、旅游等各类场景和不同的难易程度,注重系统性和进阶性。不论你是新手上路还是资深英语爱好者,都能找到适合自己的学习素材。

# 英语魔方秀

英语魔方秀是一个通过看电影追美剧就把口语轻松搞定的 App；内容不再是一成不变的书本或者课程，而是最新最 IN 的流行美剧和美影；老师不再是路人甲乙丙，而是美国好莱坞名流；通过跟读模仿我们出品的专业课程，你的口音将迅速摆脱"矮矬穷"，一跃成为"高大上"！在魔方秀里，你绝不是一个人在战斗，"分角色参与"的功能会助你结交志同道合的朋友并一起合作好玩的片段。在这里，你不仅可以学习口语，还能用口语搞笑搞怪、耍帅卖萌。"模仿"是语言学习最好的老师，随时随地自由自在模仿最地道的语音。

"最 IN 最流行的美剧美影片段"绝对的 fashion，包你不 out。

"分角色参演"口语学习不再孤单，让你有机会认识更多志（chou）同（wei）道（xiang）合（tou）的朋友。

当你的配音足够优秀时会上"魔方秀排行榜"，这时候就等着大家给你点赞吧！随着大家对你的鼓励，你的口语会一路飙升！不信？试试就知道！

# 英语趣配音

英语趣配音是由杭州菲助科技有限公司开发的英语学习软件。通过给 1—2 分钟的短视频配音,让英语学习充满趣味。App 中每日会更新最新最热的美剧、动漫、歌曲等视频资源,英语学习和英语爱好者可以摆脱枯燥无味的背书学习方式,自由选择模仿、跟读喜欢的视频,从而真正爱上英语学习。曾获百度金熊掌推荐奖,多次被 360、小米、华为、联想应用商店等推荐为优质精品应用,App Store 排名前十的教育类软件。主要特色有:

①UGC 上传:用户可以通过 UGC 渠道自由上传想要配音的英语视频;

② 全新方式:摆脱枯燥的传统学习方式,走进轻松又好玩的配音学习社区,跟随 App 内的精选推送,通过配音练习来学习英语、提高口语、提高听力。

③ 单词积累:视频台词中的生词点击直接翻译,学习不再困难。一键加入生词本,随时进入学习中心巩固积累词汇,不知不觉中提升词汇量;

④社交功能:趣配音有诸多爱好英语的男神女神,私信聊天、个性化表情、互动交流更有趣! 还可以将你的配音作品分享到各类社交网站,与他人交流分享配音体会。

⑤素材丰富:火爆的电影大片、喜欢的英文歌曲、追了很久的动漫、英美剧等;

⑥经典教材:还原历年大学英语四六级考试、新概念英语等各类考试真题情境,专业团队制作教育视频课程;

⑦英语教练:帮助指导提升口语能力,解决英语学习中遇到的问题。

# Mentimeter

Mentimeter 是一个在互动方面非常有特色的网站,能有效通过互动让学习者参与到教学中来。

第一步:登录网站并写下你想问的问题。你可以从头开始,也可以从最佳实践示例之一开始。

**Your question**

Do you understand the purpose of today's workshop?

第二步:你的听众会进入投票网站,输入你的演示文稿和投票的代码。无须安装。

Mentimeter

Do you understand the purpose of today's workshop?

○ Yes

○ To some extent

○ No

Submit answer

第三步:结果将在投票结束时实时显示。当然,你也可以隐藏结果,直到每个人都完成。

# Busuu

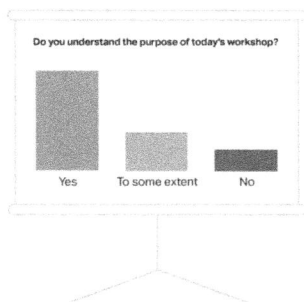

Do you understand the purpose of today's workshop?

Yes　To some extent　No

通过这个程序能在智能手机上学习多种语言。在以百万国际母语人士的帮助下,使用者可以学习中文、西班牙语、英语、德语、法语、意大利语等语言,与 Busuu 一起学习、练习和教学。这个应用程序在谷歌 App 商店中很受欢迎。

# 参考书目

［1］ BLIUC A M,GOODYEAR P,ELLIS R A. Research Focus and Method-ological Choices in Studies into Students' Experiences of Blended Learning in Higher Education［J］. Internet and Higher Education，2007，10(4):231-244.

［2］ BASHAR M I,KHAN H . E-Learning in Singapore:A Brief Assessment［J］. Ssrn Electronic Journal,2010.

［3］ ATES R B A. The Handbook of Blended Learning:Global Perspectives,Local Designs［J］. Turkish Online Journal of Distance Education,2009,10(4).

［4］ KHAN B H. A Framework for E-Learning［J］. Dictance Education Report,2000,4(4):4-5.

［5］ NICKY H. Blended Learning. ELT Journal,2018(72):1.

［6］ OLIVER M,TRIGWELL K. Can "Blended Learning" Be Redeemed?［J］. E-Learning,2005,2(1):17.

［7］ BRICAULT D. Blended Learning in English Language Teaching:Course Design and Implementation (Eds.). London:British Council,2013.

［8］ THORNBURY S. Educational Technology:Assessing its Fitness for Purpose. In M. McCarthy(ed.)2016:25-35.

［9］ SHARMA P. Blended learning［J］. ELT Journal,2010,64(4):456-458.

［10］ TOMLINSON B，WHITTAKER C. Blended Learning in English Language Teaching:Course Design and Implernettation［M］. London:British Council,2013.

[11] BAKER,MONA. Towards a Methodology for Investigating the Style of a Literary Translator[J]. 2001,12(2):241-266.

[12] CARTER J. A Sense of Place—An Interpretive Planning Handbook [M]. Inverness:the Tourism and Environment Initiative,1997.

[13] MATTHIESSEN C,HALLIDAY M,HALLIDAY M A K,et al. An Introduction to Functional Grammar [ M ], London: Edward Arnold,1985.

[14] URE J. Lexical Density and Register Differentiation[A]// G E PER-REN, J L M TRIM(eds. ). Applications of Linguistcs:Selected Papers of the Second International Congress of Applied Linguistics [C]. Cambridge: Cambridge University Press,1971：443-452.

[15] 陈欣,肖庚生.基于语料库的中国旅游英语文本语言特征研究[J].云梦学刊,2016(4):119-122.

[16] 杜福兴.谈英语学习动机及其激发与保持[J].外语教学,2003(4):51-54.

[17] 范琳.建构主义教学理论与英语教学改革的契合[J].北京:外语与外语教学,2003(4):31.

[18] FRANK A. 译者的电子工具[M].北京:外语教学与研究出版社,2006.

[19] 顾佩娅,方颖.基于建构主义的计算机辅助项目教学实践[J]. 外语与外语教学,2003(7):28.

[20] 何玲,黎加厚.促进学生深度学习[J].计算机教与学,2005(5):29-30.

[21] 何安平.语料库语言学与英语教学[M].北京:外语教学与研究出版社,2004.

[22] 何克抗.关于 MOOCs 的"热追捧"与"冷思考"[J].北京大学教育评论,2015,013(003):110-129.

[23] 侯晋荣.基于语料库的旅游文本语言特征及语篇分析[J].菏泽学院学报,2011(12):124-128.

[24] 胡铁生."微课":区域教育信息资源发展的新趋势[J].电化教育研究,2011(10):61-65.

[25] 黄南桂,黄思进.浅谈多媒体技术在医学教育中的应用[J].中国高等医

学教育,2002(2):44-46.

[26] 黄立波.基于汉英/英汉平行语料库的翻译共性研究[M].上海:复旦大学出版社,2007.

[27] 蒋庆斌,徐国庆.基于工作任务的职业教育项目课程研究[J].职业技术教育(教科版),2005(22):47.

[28] 蒋跃.解构主义的翻译观与语言的模糊性[J].外语教学,2007(2):83-86.

[29] 井乐刚,路芳,王爱荣.提高多媒体教学效果探讨[J].哈尔滨学院学报,2004,25(4):107-109.

[30] 邦克.世界是开放的:网络技术如何变革教育[M].焦建利,等,译.上海:华东师范大学出版社,2011.

[31] 刘景福,钟志贤.基于项目的学习(PBL)模式研究[J].国外教育研究,2002(11):18-22.

[32] 李德超,唐芳.基于类比语料库的英语旅游文本文体特征考察[J].中国外语,2015(2):89-96.

[33] 刘晓宁.论自主学习对英语教师素质的新要求[J].职业与教育,2007(2):51-52.

[34] 陆国栋,孙健,孟琛.高校最基本的教师教学共同体:基层教学组织[J].高等工程教育研究,2014(1):64-71＋97.

[35] 马彩梅,朱益平.陕西省旅游景区公示语汉英平行语料库的设计与建设[J].西安外国语大学学报,2013(1):113-116.

[36] Educause Learning Initiadive[DB/OL]. [2018-12-1]. www. educause. edu/eli.

[37] 牟俊贞,时庆梅.翻译实践课应以过程为导向[J].山东外语教学,2002(5):62.

[38] 牛郁茜.旅游翻译文本中中英文语言特点及翻译策略[J].山西财经大学学报,2017(4):60-61.

[39] 潘学权.计算机辅助翻译教程[M].北京:北京师范大学出版社.2016.

[40] 钱玲,张小叶,郝争.数字化故事叙述在初中英语课程中的设计与应用[J].中国电化教学,2010(8):105.

［41］秦晓晴,文秋芳.非英语专业大学生学习动机的内在结构［J］.外语教学与研究,2002(1):51-58.

［42］谭业升.建构主义翻译教学刍议［J］.山东外语教学,2001(4):13.

［43］王克非.双语对应语料库研制与运用［M］.北京:外语教学研究出版社,2004.

［44］王涛,鹿鹏.翻译技术的理念与分类［J］.中国科技翻译,2008(1):20-23.

［45］王湘玲,毕慧敏,建构基于真实项目的过程教学模式——兼评《翻译能力培养研究》［J］.上海翻译,2008(2):53.

［46］王冰,尹涛,吕廷杰.论基于建构主义的探究性学习与知识创造过程［J］.天津大学学报,2008(3):28.

［47］王克非.语料库翻译学探索［M］.上海:上海交通大学出版社,2012.

［48］吴建平.多媒体课件制作与多媒体教学方法的研究［J］.学科教育,2004(4):8-11.

［49］肖庚生,陈欣.旅游汉英双语平行语料库的建设与应用［J］.湖南科技学院学报,2012(10):163-165.

［50］肖忠华.英汉翻译中的汉语译文语料库研究［M］.上海:上海交通大学出版社,2012.

［51］熊兵.基于语料库的旅游文本英译文词汇特征及翻译研究［J］.华中师范大学学报(人文会科学版),2016(5):94-103.

［52］熊力游,刘和林.旅游网页文本的编译策略［J］.中国翻译,2011(6):63-67.

［53］休斯敦大学教育学院数字故事网站［DB/OL］.［2018-12-1］.http://digi-talstorytellingcoe. uh. edu.

［54］殷陆君.讲好中国故事,共塑中国形象［EB/OL］.［2018-09-25］.http://media. people. com. cn/n1/2018/0925/c421527-30312031. html.

［55］尹青.高职英语教学中的国学文化图式建构［J］.教育与职业,2018(8):97-102.

［56］袁利平,戴妍.基于学习共同体的教师专业发展［J］.中国教育学刊,2009(6):87-89.

［57］赵进兴.多媒体教学带来的困惑［J］.引进与咨询,2004(6):71-72.

[58] 郑晓燕.媒介素养教育的四论视角[J].江西社会科学,2011(11):227.

[59] 郑葳,李芒.学习共同体及其生成[J].全球教育展望,2007(4).

[60] 中国成全球第四大入境旅游国[OL]. http://news. xinhuanet. com/lo-cal/2015-11/19/ c_128443476. htm.

[61] 周炎根,桑青松.国内外自主学习理论研究综述[J].安徽教育学院学报,2007(1):100-104.

[62] 朱慧芬,曹深艳.商务英语翻译实务[M].北京:科学出版社,2015.

[63] 詹泽慧,李晓华.混合学习:定义、策略、现状与发展趋势——与美国印第安纳大学柯蒂斯·邦克教授的对话[J].中国电化教育,2009(12):1-5.